作家维权
实用指南

中国作家协会作家权益保障委员会办公室◎编

作家出版社

图书在版编目（CIP）数据

作家维权实用指南 / 中国作家协会作家权益保障委员会
办公室编. -- 北京 : 作家出版社，2018.9
　　ISBN 978-7-5212-0191-8

　　Ⅰ. ①作… Ⅱ. ①中… Ⅲ. ①著作权法 – 研究 – 中国
Ⅳ. ①D923.414

　　中国版本图书馆 CIP 数据核字（2018）第 198159 号

作家维权实用指南

编　　　者：中国作家协会作家权益保障委员会办公室
责任编辑：省登宇
助理编辑：张文桢
装帧设计：仙境设计
出版发行：作家出版社
社　　址：北京农展馆南里 10 号　　邮　　编：100125
电话传真：86-10-65930756（出版发行部）
　　　　　86-10-65004079（总编室）
　　　　　86-10-65015116（邮购部）
E-mail:zuojia@zuojia.net.cn
http://www.haozuojia.com（作家在线）
印　　刷：中煤（北京）印务有限公司
成品尺寸：142×210
字　　数：210 千
印　　张：9.5
印　　数：001-14000
版　　次：2018 年 9 月第 1 版
印　　次：2018 年 9 月第 1 次印刷
ISBN　978-7-5212-0191-8
定　　价：45.00 元

目 录
Contents

法律法规及相关规定

著作权知识

案例点评

专家说法

常用合同及文件

法律法规及相关规定

中华人民共和国著作权法

（1990年9月7日第七届全国人民代表大会常务委员会第十五次会议通过，根据2001年10月27日第九届全国人民代表大会常务委员会第二十四次会议《关于修改〈中华人民共和国著作权法〉的决定》第一次修正，根据2010年2月26日第十一届全国人民代表大会常务委员会第十三次会议《关于修改〈中华人民共和国著作权法〉的决定》第二次修正，自2010年4月1日起施行。）

第一章 总 则

第一条 为保护文学、艺术和科学作品作者的著作权，以及与著作权有关的权益，鼓励有益于社会主义精神文明、物质文明建设的作品的创作和传播，促进社会主义文化和科学事业的发展与繁荣，根据宪法制定本法。

第二条 中国公民、法人或者其他组织的作品，不论是否发表，依照本法享有著作权。

外国人、无国籍人的作品根据其作者所属国或者经常居住地国同中国签订的协议或者共同参加的国际条约享有的著作权，受本法保护。

外国人、无国籍人的作品首先在中国境内出版的，依照本法享有著作权。

　　未与中国签订协议或者共同参加国际条约的国家的作者以及无国籍人的作品首次在中国参加的国际条约的成员国出版的，或者在成员国和非成员国同时出版的，受本法保护。

　　第三条　本法所称的作品，包括以下列形式创作的文学、艺术和自然科学、社会科学、工程技术等作品：

　　（一）文字作品；

　　（二）口述作品；

　　（三）音乐、戏剧、曲艺、舞蹈、杂技艺术作品；

　　（四）美术、建筑作品；

　　（五）摄影作品；

　　（六）电影作品和以类似摄制电影的方法创作的作品；

　　（七）工程设计图、产品设计图、地图、示意图等图形作品和模型作品；

　　（八）计算机软件；

　　（九）法律、行政法规规定的其他作品。

　　第四条　著作权人行使著作权，不得违反宪法和法律，不得损害公共利益。国家对作品的出版、传播依法进行监督管理。

　　第五条　本法不适用于：

　　（一）法律、法规，国家机关的决议、决定、命令和其他具有立法、行政、司法性质的文件，及其官方正式译文；

　　（二）时事新闻；

　　（三）历法、通用数表、通用表格和公式。

　　第六条　民间文学艺术作品的著作权保护办法由国务院另行

规定。

第七条　国务院著作权行政管理部门主管全国的著作权管理工作；各省、自治区、直辖市人民政府的著作权行政管理部门主管本行政区域的著作权管理工作。

第八条　著作权人和与著作权有关的权利人可以授权著作权集体管理组织行使著作权或者与著作权有关的权利。著作权集体管理组织被授权后，可以以自己的名义为著作权人和与著作权有关的权利人主张权利，并可以作为当事人进行涉及著作权或者与著作权有关的权利的诉讼、仲裁活动。

著作权集体管理组织是非营利性组织，其设立方式、权利义务、著作权许可使用费的收取和分配，以及对其监督和管理等由国务院另行规定。

第二章　著作权

第一节　著作权人及其权利

第九条　著作权人包括：

（一）作者；

（二）其他依照本法享有著作权的公民、法人或者其他组织。

第十条　著作权包括下列人身权和财产权：

（一）发表权，即决定作品是否公之于众的权利；

（二）署名权，即表明作者身份，在作品上署名的权利；

（三）修改权，即修改或者授权他人修改作品的权利；

（四）保护作品完整权，即保护作品不受歪曲、篡改的权利；

（五）复制权，即以印刷、复印、拓印、录音、录像、翻录、翻拍等方式将作品制作一份或者多份的权利；

（六）发行权，即以出售或者赠与方式向公众提供作品的原件或者复制件的权利；

（七）出租权，即有偿许可他人临时使用电影作品和以类似摄制电影的方法创作的作品、计算机软件的权利，计算机软件不是出租的主要标的的除外；

（八）展览权，即公开陈列美术作品、摄影作品的原件或者复制件的权利；

（九）表演权，即公开表演作品，以及用各种手段公开播送作品的表演的权利；

（十）放映权，即通过放映机、幻灯机等技术设备公开再现美术、摄影、电影和以类似摄制电影的方法创作的作品等的权利；

（十一）广播权，即以无线方式公开广播或者传播作品，以有线传播或者转播的方式向公众传播广播的作品，以及通过扩音器或者其他传送符号、声音、图像的类似工具向公众传播广播的作品的权利；

（十二）信息网络传播权，即以有线或无线方式向公众提供作品，使公众可以在其个人选定的时间和地点获得作品的权利；

（十三）摄制权，即以摄制电影或者以类似摄制电影的方法将作品固定在载体上的权利；

（十四）改编权，即改变作品，创作出具有独创性的新作品的权利；

（十五）翻译权，即将作品从一种语言文字转换成另一种语言文字的权利；

（十六）汇编权，即将作品或者作品的片段通过选择或者编排，汇集成新作品的权利；

（十七）应当由著作权人享有的其他权利。

著作权人可以许可他人行使前款第（五）项至第（十七）项规定的权利，并依照约定或者本法有关规定获得报酬。

著作权人可以全部或者部分转让本条第一款第（五）项至第（十七）项规定的权利，并依照约定或者本法有关规定获得报酬。

第二节　著作权归属

第十一条　著作权属于作者，本法另有规定的除外。

创作作品的公民是作者。

由法人或者其他组织主持，代表法人或者其他组织意志创作，并由法人或者其他组织承担责任的作品，法人或者其他组织视为作者。

如无相反证明，在作品上署名的公民、法人或者其他组织为作者。

第十二条　改编、翻译、注释、整理已有作品而产生的作品，其著作权由改编、翻译、注释、整理人享有，但行使著作权时不得侵犯原作品的著作权。

第十三条　两人以上合作创作的作品，著作权由合作作者共同享有。没有参加创作的人，不能成为合作作者。

合作作品可以分割使用的，作者对各自创作的部分可以单独享有著作权，但行使著作权时不得侵犯合作作品整体的著作权。

第十四条　汇编若干作品、作品的片段或者不构成作品的数据或者其他材料，对其内容的选择或者编排体现独创性的作品，为汇编作品，其著作权由汇编人享有，但行使著作权时，不得侵犯原作品的著作权。

第十五条　电影作品和以类似摄制电影的方法创作的作品的著作权由制片者享有，但编剧、导演、摄影、作词、作曲等作者享有署名权，并有权按照与制片者签订的合同获得报酬。

电影作品和以类似摄制电影的方法创作的作品中的剧本、音乐等可以单独使用的作品的作者有权单独行使其著作权。

第十六条　公民为完成法人或者其他组织工作任务所创作的作品是职务作品，除本条第二款的规定以外，著作权由作者享有，但法人或者其他组织有权在其业务范围内优先使用。作品完成两年内，未经单位同意，作者不得许可第三人以与单位使用的相同方式使用该作品。

有下列情形之一的职务作品，作者享有署名权，著作权的其他权利由法人或者其他组织享有，法人或者其他组织可以给予作者奖励：

（一）主要是利用法人或者其他组织的物质技术条件创作，并由法人或者其他组织承担责任的工程设计图、产品设计图、地图、计算机软件等职务作品；

（二）法律、行政法规规定或者合同约定著作权由法人或者其他组织享有的职务作品。

第十七条　受委托创作的作品，著作权的归属由委托人和受托人通过合同约定。合同未作明确约定或者没有订立合同的，著作权属于受托人。

第十八条　美术等作品原件所有权的转移，不视为作品著作权的转移，但美术作品原件的展览权由原件所有人享有。

第十九条 著作权属于公民的，公民死亡后，其本法第十条第一款第（五）项至第（十七）项规定的权利在本法规定的保护期内，依照继承法的规定转移。

著作权属于法人或者其他组织的，法人或者其他组织变更、终止后，其本法第十条第一款第（五）项至第（十七）项规定的权利在本法规定的保护期内，由承受其权利义务的法人或者其他组织享有；没有承受其权利义务的法人或者其他组织的，由国家享有。

第三节 权利的保护期

第二十条 作者的署名权、修改权、保护作品完整权的保护期不受限制。

第二十一条 公民的作品，其发表权、本法第十条第一款第（五）项至第（十七）项规定的权利的保护期为作者终生及其死亡后五十年，截止于作者死亡后第五十年的12月31日；如果是合作作品，截止于最后死亡的作者死亡后第五十年的12月31日。

法人或者其他组织的作品、著作权（署名权除外）由法人或者其他组织享有的职务作品，其发表权、本法第十条第一款第（五）项至第（十七）项规定的权利的保护期为五十年，截止于作品首次发表后第五十年的12月31日，但作品自创作完成后五十年内未发表的，本法不再保护。

电影作品和以类似摄制电影的方法创作的作品、摄影作品，其发表权、本法第十条第一款第（五）项至第（十七）项规定的权利的保护期为五十年，截止于作品首次发表后第五十年的12月31

日，但作品自创作完成后五十年内未发表的，本法不再保护。

第四节　权利的限制

第二十二条　在下列情况下使用作品，可以不经著作权人许可，不向其支付报酬，但应当指明作者姓名、作品名称，并且不得侵犯著作权人依照本法享有的其他权利：

（一）为个人学习、研究或者欣赏，使用他人已经发表的作品；

（二）为介绍、评论某一作品或者说明某一问题，在作品中适当引用他人已经发表的作品；

（三）为报道时事新闻，在报纸、期刊、广播电台、电视台等媒体中不可避免地再现或者引用已经发表的作品；

（四）报纸、期刊、广播电台、电视台等媒体刊登或者播放其他报纸、期刊、广播电台、电视台等媒体已经发表的关于政治、经济、宗教问题的时事性文章，但作者声明不许刊登、播放的除外；

（五）报纸、期刊、广播电台、电视台等媒体刊登或者播放在公众集会上发表的讲话，但作者声明不许刊登、播放的除外；

（六）为学校课堂教学或者科学研究，翻译或者少量复制已经发表的作品，供教学或者科研人员使用，但不得出版发行；

（七）国家机关为执行公务在合理范围内使用已经发表的作品；

（八）图书馆、档案馆、纪念馆、博物馆、美术馆等为陈列或者保存版本的需要，复制本馆收藏的作品；

（九）免费表演已经发表的作品，该表演未向公众收取费用，也未向表演者支付报酬；

（十）对设置或者陈列在室外公共场所的艺术作品进行临摹、

绘画、摄影、录像；

（十一）将中国公民、法人或者其他组织已经发表的以汉语言文字创作的作品翻译成少数民族语言文字作品在国内出版发行；

（十二）将已经发表的作品改成盲文出版。

前款规定适用于对出版者、表演者、录音录像制作者、广播电台、电视台的权利的限制。

第二十三条　为实施九年制义务教育和国家教育规划而编写出版教科书，除作者事先声明不许使用的外，可以不经著作权人许可，在教科书中汇编已经发表的作品片段或者短小的文字作品、音乐作品或者单幅的美术作品、摄影作品，但应当按照规定支付报酬，指明作者姓名、作品名称，并且不得侵犯著作权人依照本法享有的其他权利。

前款规定适用于对出版者、表演者、录音录像制作者、广播电台、电视台的权利的限制。

第三章　著作权许可使用和转让合同

第二十四条　使用他人作品应当同著作权人订立许可使用合同，本法规定可以不经许可的除外。

许可使用合同包括下列主要内容：

（一）许可使用的权利种类；

（二）许可使用的权利是专有使用权或者非专有使用权；

（三）许可使用的地域范围、期间；

（四）付酬标准和办法；

（五）违约责任；

（六）双方认为需要约定的其他内容。

第二十五条　转让本法第十条第一款第（五）项至第（十七）项规定的权利，应当订立书面合同。

权利转让合同包括下列主要内容：

（一）作品的名称；

（二）转让的权利种类、地域范围；

（三）转让价金；

（四）交付转让价金的日期和方式；

（五）违约责任；

（六）双方认为需要约定的其他内容。

第二十六条　以著作权出质的，由出质人和质权人向国务院著作权行政管理部门办理出质登记。

第二十七条　许可使用合同和转让合同中著作权人未明确许可、转让的权利，未经著作权人同意，另一方当事人不得行使。

第二十八条　使用作品的付酬标准可以由当事人约定，也可以按照国务院著作权行政管理部门会同有关部门制定的付酬标准支付报酬。当事人约定不明确的，按照国务院著作权行政管理部门会同有关部门制定的付酬标准支付报酬。

第二十九条　出版者、表演者、录音录像制作者、广播电台、电视台等依照本法有关规定使用他人作品的，不得侵犯作者的署名权、修改权、保护作品完整权和获得报酬的权利。

第四章 出版、表演、录音录像、播放

第一节 图书、报刊的出版

第三十条 图书出版者出版图书应当和著作权人订立出版合同，并支付报酬。

第三十一条 图书出版者对著作权人交付出版的作品，按照合同约定享有的专有出版权受法律保护，他人不得出版该作品。

第三十二条 著作权人应当按照合同约定期限交付作品。图书出版者应当按照合同约定的出版质量、期限出版图书。

图书出版者不按照合同约定期限出版，应当依照本法第五十四条的规定承担民事责任。

图书出版者重印、再版作品的，应当通知著作权人，并支付报酬。图书脱销后，图书出版者拒绝重印、再版的，著作权人有权终止合同。

第三十三条 著作权人向报社、期刊社投稿的，自稿件发出之日起十五日内未收到报社通知决定刊登的，或者自稿件发出之日起三十日内未收到期刊社通知决定刊登的，可以将同一作品向其他报社、期刊社投稿。双方另有约定的除外。

作品刊登后，除著作权人声明不得转载、摘编的外，其他报刊可以转载或者作为文摘、资料刊登，但应当按照规定向著作权人支付报酬。

第三十四条 图书出版者经作者许可，可以对作品修改、删节。

报社、期刊社可以对作品作文字性修改、删节。对内容的修改，应当经作者许可。

第三十五条　出版改编、翻译、注释、整理、汇编已有作品而产生的作品，应当取得改编、翻译、注释、整理、汇编作品的著作权人和原作品的著作权人许可，并支付报酬。

第三十六条　出版者有权许可或者禁止他人使用其出版的图书、期刊的版式设计。

前款规定的权利的保护期为十年，截止于使用该版式设计的图书、期刊首次出版后第十年的12月31日。

第二节　表　演

第三十七条　使用他人作品演出，表演者（演员、演出单位）应当取得著作权人许可，并支付报酬。演出组织者组织演出，由该组织者取得著作权人许可，并支付报酬。

使用改编、翻译、注释、整理已有作品而产生的作品进行演出，应当取得改编、翻译、注释、整理作品的著作权人和原作品的著作权人许可，并支付报酬。

第三十八条　表演者对其表演享有下列权利：

（一）表明表演者身份；

（二）保护表演形象不受歪曲；

（三）许可他人从现场直播和公开传送其现场表演，并获得报酬；

（四）许可他人录音录像，并获得报酬；

（五）许可他人复制、发行录有其表演的录音录像制品，并获得报酬；

（六）许可他人通过信息网络向公众传播其表演，并获得报酬。

被许可人以前款第（三）项至第（六）项规定的方式使用作品，还应当取得著作权人许可，并支付报酬。

第三十九条　本法第三十八条第一款第（一）项、第（二）项规定的权利的保护期不受限制。

本法第三十八条第一款第（三）项至第（六）项规定的权利的保护期为五十年，截止于该表演发生后第五十年的 12 月 31 日。

第三节　录音录像

第四十条　录音录像制作者使用他人作品制作录音录像制品，应当取得著作权人许可，并支付报酬。

录音录像制作者使用改编、翻译、注释、整理已有作品而产生的作品，应当取得改编、翻译、注释、整理作品的著作权人和原作品著作权人许可，并支付报酬。

录音制作者使用他人已经合法录制为录音制品的音乐作品制作录音制品，可以不经著作权人许可，但应当按照规定支付报酬；著作权人声明不许使用的不得使用。

第四十一条　录音录像制作者制作录音录像制品，应当同表演者订立合同，并支付报酬。

第四十二条　录音录像制作者对其制作的录音录像制品，享有许可他人复制、发行、出租、通过信息网络向公众传播并获得报酬的权利；权利的保护期为五十年，截止于该制品首次制作完成后第五十年的 12 月 31 日。

被许可人复制、发行、通过信息网络向公众传播录音录像制品，还应当取得著作权人、表演者许可，并支付报酬。

第四节 广播电台、电视台播放

第四十三条 广播电台、电视台播放他人未发表的作品，应当取得著作权人许可，并支付报酬。

广播电台、电视台播放他人已发表的作品，可以不经著作权人许可，但应当支付报酬。

第四十四条 广播电台、电视台播放已经出版的录音制品，可以不经著作权人许可，但应当支付报酬。当事人另有约定的除外。具体办法由国务院规定。

第四十五条 广播电台、电视台有权禁止未经其许可的下列行为：

（一）将其播放的广播、电视转播；

（二）将其播放的广播、电视录制在音像载体上以及复制音像载体。

前款规定的权利的保护期为五十年，截止于该广播、电视首次播放后第五十年的12月31日。

第四十六条 电视台播放他人的电影作品和以类似摄制电影的方法创作的作品、录像制品，应当取得制片者或者录像制作者许可，并支付报酬；播放他人的录像制品，还应当取得著作权人许可，并支付报酬。

第五章　法律责任和执法措施

第四十七条　有下列侵权行为的，应当根据情况，承担停止侵害、消除影响、赔礼道歉、赔偿损失等民事责任：

（一）未经著作权人许可，发表其作品的；

（二）未经合作作者许可，将与他人合作创作的作品当作自己单独创作的作品发表的；

（三）没有参加创作，为谋取个人名利，在他人作品上署名的；

（四）歪曲、篡改他人作品的；

（五）剽窃他人作品的；

（六）未经著作权人许可，以展览、摄制电影和以类似摄制电影的方法使用作品，或者以改编、翻译、注释等方式使用作品的，本法另有规定的除外；

（七）使用他人作品，应当支付报酬而未支付的；

（八）未经电影作品和以类似摄制电影的方法创作的作品、计算机软件、录音录像制品的著作权人或者与著作权有关的权利人许可，出租其作品或者录音录像制品的，本法另有规定的除外；

（九）未经出版者许可，使用其出版的图书、期刊的版式设计的；

（十）未经表演者许可，从现场直播或者公开传送其现场表演，或者录制其表演的；

（十一）其他侵犯著作权以及与著作权有关的权益的行为。

第四十八条　有下列侵权行为的，应当根据情况，承担停止侵害、消除影响、赔礼道歉、赔偿损失等民事责任；同时损害公共利益的，可以由著作权行政管理部门责令停止侵权行为，没收违法所得，没收、销毁侵权复制品，并可处以罚款；情节严重的，著作权行政管理部门还可以没收主要用于制作侵权复制品的材料、工具、设备等；构成犯罪的，依法追究刑事责任：

（一）未经著作权人许可，复制、发行、表演、放映、广播、汇编、通过信息网络向公众传播其作品的，本法另有规定的除外；

（二）出版他人享有专有出版权的图书的；

（三）未经表演者许可，复制、发行录有其表演的录音录像制品，或者通过信息网络向公众传播其表演的，本法另有规定的除外；

（四）未经录音录像制作者许可，复制、发行、通过信息网络向公众传播其制作的录音录像制品的，本法另有规定的除外；

（五）未经许可，播放或者复制广播、电视的，本法另有规定的除外；

（六）未经著作权人或者与著作权有关的权利人许可，故意避开或者破坏权利人为其作品、录音录像制品等采取的保护著作权或者与著作权有关的权利的技术措施的，法律、行政法规另有规定的除外；

（七）未经著作权人或者与著作权有关的权利人许可，故意删除或者改变作品、录音录像制品等的权利管理电子信息的，法律、行政法规另有规定的除外；

（八）制作、出售假冒他人署名的作品的。

第四十九条 侵犯著作权或者与著作权有关的权利的，侵权人应当按照权利人的实际损失给予赔偿；实际损失难以计算的，可以按照侵权人的违法所得给予赔偿。赔偿数额还应当包括权利人为制止侵权行为所支付的合理开支。

权利人的实际损失或者侵权人的违法所得不能确定的，由人民法院根据侵权行为的情节，判决给予五十万元以下的赔偿。

第五十条　著作权人或者与著作权有关的权利人有证据证明他人正在实施或者即将实施侵犯其权利的行为，如不及时制止将会使其合法权益受到难以弥补的损害的，可以在起诉前向人民法院申请采取责令停止有关行为和财产保全的措施。

人民法院处理前款申请，适用《中华人民共和国民事诉讼法》第九十三条至第九十六条和第九十九条的规定。

第五十一条　为制止侵权行为，在证据可能灭失或者以后难以取得的情况下，著作权人或者与著作权有关的权利人可以在起诉前向人民法院申请保全证据。

人民法院接受申请后，必须在四十八小时内作出裁定；裁定采取保全措施的，应当立即开始执行。

人民法院可以责令申请人提供担保，申请人不提供担保的，驳回申请。

申请人在人民法院采取保全措施后十五日内不起诉的，人民法院应当解除保全措施。

第五十二条　人民法院审理案件，对于侵犯著作权或者与著作权有关的权利的，可以没收违法所得、侵权复制品以及进行违法活动的财物。

第五十三条　复制品的出版者、制作者不能证明其出版、制作有合法授权的，复制品的发行者或者电影作品或者以类似摄制电影的方法创作的作品、计算机软件、录音录像制品的复制品的出租者不能证明其发行、出租的复制品有合法来源的，应当承担法律责任。

第五十四条　当事人不履行合同义务或者履行合同义务不符合约定条件的，应当依照《中华人民共和国民法通则》、《中华人民共和国合同法》等有关法律规定承担民事责任。

第五十五条　著作权纠纷可以调解，也可以根据当事人达成的书面仲裁协议或者著作权合同中的仲裁条款，向仲裁机构申请仲裁。

当事人没有书面仲裁协议，也没有在著作权合同中订立仲裁条款的，可以直接向人民法院起诉。

第五十六条　当事人对行政处罚不服的，可以自收到行政处罚决定书之日起三个月内向人民法院起诉，期满不起诉又不履行的，著作权行政管理部门可以申请人民法院执行。

第六章　附　则

第五十七条　本法所称的著作权即版权。

第五十八条　本法第二条所称的出版，指作品的复制、发行。

第五十九条　计算机软件、信息网络传播权的保护办法由国务院另行规定。

第六十条　本法规定的著作权人和出版者、表演者、录音录像制作者、广播电台、电视台的权利，在本法施行之日尚未超过本法规定的保护期的，依照本法予以保护。

本法施行前发生的侵权或者违约行为，依照侵权或者违约行为发生时的有关规定和政策处理。

第六十一条　本法自1991年6月1日起施行。

中华人民共和国著作权法实施条例

（2002 年 8 月 2 日中华人民共和国国务院令第 359 号公布，根据 2011 年 1 月 8 日《国务院关于废止和修改部分行政法规的决定》第一次修订，根据 2013 年 1 月 30 日《国务院关于修改〈中华人民共和国著作权法实施条例〉的决定》第二次修订）

第一条 根据《中华人民共和国著作权法》（以下简称著作权法），制定本条例。

第二条 著作权法所称作品，是指文学、艺术和科学领域内具有独创性并能以某种有形形式复制的智力成果。

第三条 著作权法所称创作，是指直接产生文学、艺术和科学作品的智力活动。

为他人创作进行组织工作，提供咨询意见、物质条件，或者进行其他辅助工作，均不视为创作。

第四条 著作权法和本条例中下列作品的含义：

（一）文字作品，是指小说、诗词、散文、论文等以文字形式表现的作品；

（二）口述作品，是指即兴的演说、授课、法庭辩论等以口头语言形式表现的作品；

（三）音乐作品，是指歌曲、交响乐等能够演唱或者演奏的带词或者不带词的作品；

（四）戏剧作品，是指话剧、歌剧、地方戏等供舞台演出的作品；

（五）曲艺作品，是指相声、快书、大鼓、评书等以说唱为主要形式表演的作品；

（六）舞蹈作品，是指通过连续的动作、姿势、表情等表现思想情感的作品；

（七）杂技艺术作品，是指杂技、魔术、马戏等通过形体动作和技巧表现的作品；

（八）美术作品，是指绘画、书法、雕塑等以线条、色彩或者其他方式构成的有审美意义的平面或者立体的造型艺术作品；

（九）建筑作品，是指以建筑物或者构筑物形式表现的有审美意义的作品；

（十）摄影作品，是指借助器械在感光材料或者其他介质上记录客观物体形象的艺术作品；

（十一）电影作品和以类似摄制电影的方法创作的作品，是指摄制在一定介质上，由一系列有伴音或者无伴音的画面组成，并且借助适当装置放映或者以其他方式传播的作品；

（十二）图形作品，是指为施工、生产绘制的工程设计图、产品设计图，以及反映地理现象、说明事物原理或者结构的地图、示意图等作品；

（十三）模型作品，是指为展示、试验或者观测等用途，根据物体的形状和结构，按照一定比例制成的立体作品。

第五条　著作权法和本条例中下列用语的含义：

（一）时事新闻，是指通过报纸、期刊、广播电台、电视台等媒体报道的单纯事实消息；

（二）录音制品，是指任何对表演的声音和其他声音的录制品；

（三）录像制品，是指电影作品和以类似摄制电影的方法创作的作品以外的任何有伴音或者无伴音的连续相关形象、图像的录制品；

（四）录音制作者，是指录音制品的首次制作人；

（五）录像制作者，是指录像制品的首次制作人；

（六）表演者，是指演员、演出单位或者其他表演文学、艺术作品的人。

第六条　著作权自作品创作完成之日起产生。

第七条　著作权法第二条第三款规定的首先在中国境内出版的外国人、无国籍人的作品，其著作权自首次出版之日起受保护。

第八条　外国人、无国籍人的作品在中国境外首先出版后，30日内在中国境内出版的，视为该作品同时在中国境内出版。

第九条　合作作品不可以分割使用的，其著作权由各合作作者共同享有，通过协商一致行使；不能协商一致，又无正当理由的，任何一方不得阻止他方行使除转让以外的其他权利，但是所得收益应当合理分配给所有合作作者。

第十条　著作权人许可他人将其作品摄制成电影作品和以类似摄制电影的方法创作的作品的，视为已同意对其作品进行必要的改动，但是这种改动不得歪曲篡改原作品。

第十一条　著作权法第十六条第一款关于职务作品的规定中的"工作任务"，是指公民在该法人或者该组织中应当履行的职责。

著作权法第十六条第二款关于职务作品的规定中的"物质技术

条件"，是指该法人或者该组织为公民完成创作专门提供的资金、设备或者资料。

第十二条 职务作品完成两年内，经单位同意，作者许可第三人以与单位使用的相同方式使用作品所获报酬，由作者与单位按约定的比例分配。

作品完成两年的期限，自作者向单位交付作品之日起计算。

第十三条 作者身份不明的作品，由作品原件的所有人行使除署名权以外的著作权。作者身份确定后，由作者或者其继承人行使著作权。

第十四条 合作作者之一死亡后，其对合作作品享有的著作权法第十条第一款第五项至第十七项规定的权利无人继承又无人受遗赠的，由其他合作作者享有。

第十五条 作者死亡后，其著作权中的署名权、修改权和保护作品完整权由作者的继承人或者受遗赠人保护。

著作权无人继承又无人受遗赠的，其署名权、修改权和保护作品完整权由著作权行政管理部门保护。

第十六条 国家享有著作权的作品的使用，由国务院著作权行政管理部门管理。

第十七条 作者生前未发表的作品，如果作者未明确表示不发表，作者死亡后50年内，其发表权可由继承人或者受遗赠人行使；没有继承人又无人受遗赠的，由作品原件的所有人行使。

第十八条 作者身份不明的作品，其著作权法第十条第一款第五项至第十七项规定的权利的保护期截止于作品首次发表后第50年的12月31日。作者身份确定后，适用著作权法第二十一条的规定。

第十九条 使用他人作品的，应当指明作者姓名、作品名称；但是，当事人另有约定或者由于作品使用方式的特性无法指明的除外。

第二十条 著作权法所称已经发表的作品，是指著作权人自行或者许可他人公之于众的作品。

第二十一条 依照著作权法有关规定，使用可以不经著作权人许可的已经发表的作品的，不得影响该作品的正常使用，也不得不合理地损害著作权人的合法利益。

第二十二条 依照著作权法第二十三条、第三十三条第二款、第四十条第三款的规定使用作品的付酬标准，由国务院著作权行政管理部门会同国务院价格主管部门制定、公布。

第二十三条 使用他人作品应当同著作权人订立许可使用合同，许可使用的权利是专有使用权的，应当采取书面形式，但是报社、期刊社刊登作品除外。

第二十四条 著作权法第二十四条规定的专有使用权的内容由合同约定，合同没有约定或者约定不明的，视为被许可人有权排除包括著作权人在内的任何人以同样的方式使用作品；除合同另有约定外，被许可人许可第三人行使同一权利，必须取得著作权人的许可。

第二十五条 与著作权人订立专有许可使用合同、转让合同的，可以向著作权行政管理部门备案。

第二十六条 著作权法和本条例所称与著作权有关的权益，是指出版者对其出版的图书和期刊的版式设计享有的权利，表演者对其表演享有的权利，录音录像制作者对其制作的录音录像制品享有的权利，广播电台、电视台对其播放的广播、电视节目享有的权利。

第二十七条　出版者、表演者、录音录像制作者、广播电台、电视台行使权利，不得损害被使用作品和原作品著作权人的权利。

第二十八条　图书出版合同中约定图书出版者享有专有出版权但没有明确其具体内容的，视为图书出版者享有在合同有效期限内和在合同约定的地域范围内以同种文字的原版、修订版出版图书的专有权利。

第二十九条　著作权人寄给图书出版者的两份订单在6个月内未能得到履行，视为著作权法第三十二条所称图书脱销。

第三十条　著作权人依照著作权法第三十三条第二款声明不得转载、摘编其作品的，应当在报纸、期刊刊登该作品时附带声明。

第三十一条　著作权人依照著作权法第四十条第三款声明不得对其作品制作录音制品的，应当在该作品合法录制为录音制品时声明。

第三十二条　依照著作权法第二十三条、第三十三条第二款、第四十条第三款的规定，使用他人作品的，应当自使用该作品之日起2个月内向著作权人支付报酬。

第三十三条　外国人、无国籍人在中国境内的表演，受著作权法保护。

外国人、无国籍人根据中国参加的国际条约对其表演享有的权利，受著作权法保护。

第三十四条　外国人、无国籍人在中国境内制作、发行的录音制品，受著作权法保护。

外国人、无国籍人根据中国参加的国际条约对其制作、发行的录音制品享有的权利，受著作权法保护。

第三十五条 外国的广播电台、电视台根据中国参加的国际条约对其播放的广播、电视节目享有的权利，受著作权法保护。

第三十六条 有著作权法第四十八条所列侵权行为，同时损害社会公共利益，非法经营额5万元以上的，著作权行政管理部门可处非法经营额1倍以上5倍以下的罚款；没有非法经营额或者非法经营额5万元以下的，著作权行政管理部门根据情节轻重，可处25万元以下的罚款。

第三十七条 有著作权法第四十八条所列侵权行为，同时损害社会公共利益的，由地方人民政府著作权行政管理部门负责查处。

国务院著作权行政管理部门可以查处在全国有重大影响的侵权行为。

第三十八条 本条例自2002年9月15日起施行。1991年5月24日国务院批准、1991年5月30日国家版权局发布的《中华人民共和国著作权法实施条例》同时废止。

信息网络传播权保护条例

（2006年5月18日以中华人民共和国国务院令第468号公布，根据2013年1月30日《国务院关于修改〈信息网络传播权保护条例〉的决定》修订）

第一条　为保护著作权人、表演者、录音录像制作者（以下统称权利人）的信息网络传播权，鼓励有益于社会主义精神文明、物质文明建设的作品的创作和传播，根据《中华人民共和国著作权法》（以下简称著作权法），制定本条例。

第二条　权利人享有的信息网络传播权受著作权法和本条例保护。除法律、行政法规另有规定的外，任何组织或者个人将他人的作品、表演、录音录像制品通过信息网络向公众提供，应当取得权利人许可，并支付报酬。

第三条　依法禁止提供的作品、表演、录音录像制品，不受本条例保护。

权利人行使信息网络传播权，不得违反宪法和法律、行政法规，不得损害公共利益。

第四条　为了保护信息网络传播权，权利人可以采取技术措施。

任何组织或者个人不得故意避开或者破坏技术措施，不得故意制造、进口或者向公众提供主要用于避开或者破坏技术措施的装置或者部件，不得故意为他人避开或者破坏技术措施提供技术服务。

但是，法律、行政法规规定可以避开的除外。

第五条　未经权利人许可，任何组织或者个人不得进行下列行为：

（一）故意删除或者改变通过信息网络向公众提供的作品、表演、录音录像制品的权利管理电子信息，但由于技术上的原因无法避免删除或者改变的除外；

（二）通过信息网络向公众提供明知或者应知未经权利人许可被删除或者改变权利管理电子信息的作品、表演、录音录像制品。

第六条　通过信息网络提供他人作品，属于下列情形的，可以不经著作权人许可，不向其支付报酬：

（一）为介绍、评论某一作品或者说明某一问题，在向公众提供的作品中适当引用已经发表的作品；

（二）为报道时事新闻，在向公众提供的作品中不可避免地再现或者引用已经发表的作品；

（三）为学校课堂教学或者科学研究，向少数教学、科研人员提供少量已经发表的作品；

（四）国家机关为执行公务，在合理范围内向公众提供已经发表的作品；

（五）将中国公民、法人或者其他组织已经发表的、以汉语言文字创作的作品翻译成少数民族语言文字作品，向中国境内少数民族提供；

（六）不以营利为目的，以盲人能够感知的独特方式向盲人提供已经发表的文字作品；

（七）向公众提供在信息网络上已经发表的关于政治、经济问题的时事性文章；

（八）向公众提供在公众集会上发表的讲话。

第七条　图书馆、档案馆、纪念馆、博物馆、美术馆等可以不经著作权人许可，通过信息网络向本馆馆舍内服务对象提供本馆收藏的合法出版的数字作品和依法为陈列或者保存版本的需要以数字化形式复制的作品，不向其支付报酬，但不得直接或者间接获得经济利益。当事人另有约定的除外。

前款规定的为陈列或者保存版本需要以数字化形式复制的作品，应当是已经损毁或者濒临损毁、丢失或者失窃，或者其存储格式已经过时，并且在市场上无法购买或者只能以明显高于标定的价格购买的作品。

第八条　为通过信息网络实施九年制义务教育或者国家教育规划，可以不经著作权人许可，使用其已经发表作品的片断或者短小的文字作品、音乐作品或者单幅的美术作品、摄影作品制作课件，由制作课件或者依法取得课件的远程教育机构通过信息网络向注册学生提供，但应当向著作权人支付报酬。

第九条　为扶助贫困，通过信息网络向农村地区的公众免费提供中国公民、法人或者其他组织已经发表的种植养殖、防病治病、防灾减灾等与扶助贫困有关的作品和适应基本文化需求的作品，网络服务提供者应当在提供前公告拟提供的作品及其作者、拟支付报酬的标准。自公告之日起30日内，著作权人不同意提供的，网络服务提供者不得提供其作品；自公告之日起满30日，著作权人没有异议的，网络服务提供者可以提供其作品，并按照公告的标准向著作权人支付报酬。网络服务提供者提供著作权人的作品后，著作权人不同意提供的，网络服务提供者应当立即删除著作权人的作品，并按照公告的标准向著作权人支付提供作品期间的报酬。

依照前款规定提供作品的，不得直接或者间接获得经济利益。

第十条　依照本条例规定不经著作权人许可、通过信息网络向公众提供其作品的，还应当遵守下列规定：

（一）除本条例第六条第（一）项至第（六）项、第七条规定的情形外，不得提供作者事先声明不许提供的作品；

（二）指明作品的名称和作者的姓名（名称）；

（三）依照本条例规定支付报酬；

（四）采取技术措施，防止本条例第七条、第八条、第九条规定的服务对象以外的其他人获得著作权人的作品，并防止本条例第七条规定的服务对象的复制行为对著作权人利益造成实质性损害；

（五）不得侵犯著作权人依法享有的其他权利。

第十一条　通过信息网络提供他人表演、录音录像制品的，应当遵守本条例第六条至第十条的规定。

第十二条　属于下列情形的，可以避开技术措施，但不得向他人提供避开技术措施的技术、装置或者部件，不得侵犯权利人依法享有的其他权利：

（一）为学校课堂教学或者科学研究，通过信息网络向少数教学、科研人员提供已经发表的作品、表演、录音录像制品，而该作品、表演、录音录像制品只能通过信息网络获取；

（二）不以营利为目的，通过信息网络以盲人能够感知的独特方式向盲人提供已经发表的文字作品，而该作品只能通过信息网络获取；

（三）国家机关依照行政、司法程序执行公务；

（四）在信息网络上对计算机及其系统或者网络的安全性能进行测试。

第十三条 著作权行政管理部门为了查处侵犯信息网络传播权的行为，可以要求网络服务提供者提供涉嫌侵权的服务对象的姓名（名称）、联系方式、网络地址等资料。

第十四条 对提供信息存储空间或者提供搜索、链接服务的网络服务提供者，权利人认为其服务所涉及的作品、表演、录音录像制品，侵犯自己的信息网络传播权或者被删除、改变了自己的权利管理电子信息的，可以向该网络服务提供者提交书面通知，要求网络服务提供者删除该作品、表演、录音录像制品，或者断开与该作品、表演、录音录像制品的链接。通知书应当包含下列内容：

（一）权利人的姓名（名称）、联系方式和地址；

（二）要求删除或者断开链接的侵权作品、表演、录音录像制品的名称和网络地址；

（三）构成侵权的初步证明材料。

权利人应当对通知书的真实性负责。

第十五条 网络服务提供者接到权利人的通知书后，应当立即删除涉嫌侵权的作品、表演、录音录像制品，或者断开与涉嫌侵权的作品、表演、录音录像制品的链接，并同时将通知书转送提供作品、表演、录音录像制品的服务对象；服务对象网络地址不明、无法转送的，应当将通知书的内容同时在信息网络上公告。

第十六条 服务对象接到网络服务提供者转送的通知书后，认为其提供的作品、表演、录音录像制品未侵犯他人权利的，可以向网络服务提供者提交书面说明，要求恢复被删除的作品、表演、录音录像制品，或者恢复与被断开的作品、表演、录音录像制品的链接。书面说明应当包含下列内容：

（一）服务对象的姓名（名称）、联系方式和地址；

（二）要求恢复的作品、表演、录音录像制品的名称和网络地址；

（三）不构成侵权的初步证明材料。

服务对象应当对书面说明的真实性负责。

第十七条　网络服务提供者接到服务对象的书面说明后，应当立即恢复被删除的作品、表演、录音录像制品，或者可以恢复与被断开的作品、表演、录音录像制品的链接，同时将服务对象的书面说明转送权利人。权利人不得再通知网络服务提供者删除该作品、表演、录音录像制品，或者断开与该作品、表演、录音录像制品的链接。

第十八条　违反本条例规定，有下列侵权行为之一的，根据情况承担停止侵害、消除影响、赔礼道歉、赔偿损失等民事责任；同时损害公共利益的，可以由著作权行政管理部门责令停止侵权行为，没收违法所得，非法经营额5万元以上的，可处非法经营额1倍以上5倍以下的罚款；没有非法经营额或者非法经营额5万元以下的，根据情节轻重，可处25万元以下的罚款；情节严重的，著作权行政管理部门可以没收主要用于提供网络服务的计算机等设备；构成犯罪的，依法追究刑事责任：

（一）通过信息网络擅自向公众提供他人的作品、表演、录音录像制品的；

（二）故意避开或者破坏技术措施的；

（三）故意删除或者改变通过信息网络向公众提供的作品、表演、录音录像制品的权利管理电子信息，或者通过信息网络向公众提供明知或者应知未经权利人许可而被删除或者改变权利管理电子信息的作品、表演、录音录像制品的；

（四）为扶助贫困通过信息网络向农村地区提供作品、表演、录音录像制品超过规定范围，或者未按照公告的标准支付报酬，或者在权利人不同意提供其作品、表演、录音录像制品后未立即删除的；

（五）通过信息网络提供他人的作品、表演、录音录像制品，未指明作品、表演、录音录像制品的名称或者作者、表演者、录音录像制作者的姓名（名称），或者未支付报酬，或者未依照本条例规定采取技术措施防止服务对象以外的其他人获得他人的作品、表演、录音录像制品，或者未防止服务对象的复制行为对权利人利益造成实质性损害的。

第十九条　违反本条例规定，有下列行为之一的，由著作权行政管理部门予以警告，没收违法所得，没收主要用于避开、破坏技术措施的装置或者部件；情节严重的，可以没收主要用于提供网络服务的计算机等设备，非法经营额5万元以上的，可处非法经营额1倍以上5倍以下的罚款；没有非法经营额或者非法经营额5万元以下的，根据情节轻重，可处25万元以下的罚款；构成犯罪的，依法追究刑事责任：

（一）故意制造、进口或者向他人提供主要用于避开、破坏技术措施的装置或者部件，或者故意为他人避开或者破坏技术措施提供技术服务的；

（二）通过信息网络提供他人的作品、表演、录音录像制品，获得经济利益的；

（三）为扶助贫困通过信息网络向农村地区提供作品、表演、录音录像制品，未在提供前公告作品、表演、录音录像制品的名称和作者、表演者、录音录像制作者的姓名（名称）以及报酬标准的。

第二十条　网络服务提供者根据服务对象的指令提供网络自动接入服务，或者对服务对象提供的作品、表演、录音录像制品提供自动传输服务，并具备下列条件的，不承担赔偿责任：

（一）未选择并且未改变所传输的作品、表演、录音录像制品；

（二）向指定的服务对象提供该作品、表演、录音录像制品，并防止指定的服务对象以外的其他人获得。

第二十一条　网络服务提供者为提高网络传输效率，自动存储从其他网络服务提供者获得的作品、表演、录音录像制品，根据技术安排自动向服务对象提供，并具备下列条件的，不承担赔偿责任：

（一）未改变自动存储的作品、表演、录音录像制品；

（二）不影响提供作品、表演、录音录像制品的原网络服务提供者掌握服务对象获取该作品、表演、录音录像制品的情况；

（三）在原网络服务提供者修改、删除或者屏蔽该作品、表演、录音录像制品时，根据技术安排自动予以修改、删除或者屏蔽。

第二十二条　网络服务提供者为服务对象提供信息存储空间，供服务对象通过信息网络向公众提供作品、表演、录音录像制品，并具备下列条件的，不承担赔偿责任：

（一）明确标示该信息存储空间是为服务对象所提供，并公开网络服务提供者的名称、联系人、网络地址；

（二）未改变服务对象所提供的作品、表演、录音录像制品；

（三）不知道也没有合理的理由应当知道服务对象提供的作品、

表演、录音录像制品侵权;

(四)未从服务对象提供作品、表演、录音录像制品中直接获得经济利益;

(五)在接到权利人的通知书后,根据本条例规定删除权利人认为侵权的作品、表演、录音录像制品。

第二十三条 网络服务提供者为服务对象提供搜索或者链接服务,在接到权利人的通知书后,根据本条例规定断开与侵权的作品、表演、录音录像制品的链接的,不承担赔偿责任;但是,明知或者应知所链接的作品、表演、录音录像制品侵权的,应当承担共同侵权责任。

第二十四条 因权利人的通知导致网络服务提供者错误删除作品、表演、录音录像制品,或者错误断开与作品、表演、录音录像制品的链接,给服务对象造成损失的,权利人应当承担赔偿责任。

第二十五条 网络服务提供者无正当理由拒绝提供或者拖延提供涉嫌侵权的服务对象的姓名(名称)、联系方式、网络地址等资料的,由著作权行政管理部门予以警告;情节严重的,没收主要用于提供网络服务的计算机等设备。

第二十六条 本条例下列用语的含义:

信息网络传播权,是指以有线或者无线方式向公众提供作品、表演或者录音录像制品,使公众可以在其个人选定的时间和地点获得作品、表演或者录音录像制品的权利。

技术措施,是指用于防止、限制未经权利人许可浏览、欣赏作品、表演、录音录像制品的或者通过信息网络向公众提供作品、表演、录音录像制品的有效技术、装置或者部件。

权利管理电子信息，是指说明作品及其作者、表演及其表演者、录音录像制品及其制作者的信息，作品、表演、录音录像制品权利人的信息和使用条件的信息，以及表示上述信息的数字或者代码。

第二十七条　本条例自 2006 年 7 月 1 日起施行。

使用文字作品支付报酬办法

（经2014年8月21日国家版权局局务会议通过，并经国家发展和改革委员会同意，2014年9月23日中华人民共和国国家版权局、中华人民共和国国家发展和改革委员会令第11号公布，自2014年11月1日起施行）

第一条 为保护文字作品著作权人的著作权，规范使用文字作品的行为，促进文字作品的创作与传播，根据《中华人民共和国著作权法》及相关行政法规，制定本办法。

第二条 除法律、行政法规另有规定外，使用文字作品支付报酬由当事人约定；当事人没有约定或者约定不明的，适用本办法。

第三条 以纸介质出版方式使用文字作品支付报酬可以选择版税、基本稿酬加印数稿酬或者一次性付酬等方式。

版税，是指使用者以图书定价×实际销售数或者印数×版税率的方式向著作权人支付的报酬。

基本稿酬，是指使用者按作品的字数，以千字为单位向著作权人支付的报酬。

印数稿酬，是指使用者根据图书的印数，以千册为单位按基本稿酬的一定比例向著作权人支付的报酬。

一次性付酬，是指使用者根据作品的质量、篇幅、作者的知名度、影响力以及使用方式、使用范围和授权期限等因素，一次性向著作权人支付的报酬。

第四条　版税率标准和计算方法：

（一）原创作品：3% - 10%

（二）演绎作品：1% - 7%

采用版税方式支付报酬的，著作权人可以与使用者在合同中约定，在交付作品时或者签订合同时由使用者向著作权人预付首次实际印数或者最低保底发行数的版税。

首次出版发行数不足千册的，按千册支付版税，但在下次结算版税时对已经支付版税部分不再重复支付。

第五条　基本稿酬标准和计算方法：

（一）原创作品：每千字80 - 300元，注释部分参照该标准执行。

（二）演绎作品：

1.改编：每千字20 - 100元

2.汇编：每千字10 - 20元

3.翻译：每千字50 - 200元

支付基本稿酬以千字为单位，不足千字部分按千字计算。

支付报酬的字数按实有正文计算，即以排印的版面每行字数乘以全部实有的行数计算。占行题目或者末尾排不足一行的，按一行计算。

诗词每十行按一千字计算，作品不足十行的按十行计算。

辞书类作品按双栏排版的版面折合的字数计算。

第六条　印数稿酬标准和计算方法：

每印一千册，按基本稿酬的1%支付。不足一千册的，按一千册计算。

作品重印时只支付印数稿酬，不再支付基本稿酬。

采用基本稿酬加印数稿酬的付酬方式的，著作权人可以与使用者在合同中约定，在交付作品时由使用者支付基本稿酬的30%-50%。除非合同另有约定，作品一经使用，使用者应当在6个月内付清全部报酬。作品重印的，应在重印后6个月内付清印数稿酬。

第七条　一次性付酬的，可以参照本办法第五条规定的基本稿酬标准及其计算方法。

第八条　使用演绎作品，除合同另有约定或者原作品已进入公有领域外，使用者还应当取得原作品著作权人的许可并支付报酬。

第九条　使用者未与著作权人签订书面合同，或者签订了书面合同但未约定付酬方式和标准，与著作权人发生争议的，应当按本办法第四条、第五条规定的付酬标准的上限分别计算报酬，以较高者向著作权人支付，并不得以出版物抵作报酬。

第十条　著作权人许可使用者通过转授权方式在境外出版作品，但对支付报酬没有约定或约定不明的，使用者应当将所得报酬扣除合理成本后的70%支付给著作权人。

第十一条　报刊刊载作品只适用一次性付酬方式。

第十二条　报刊刊载未发表的作品，除合同另有约定外，应当自刊载后1个月内按每千字不低于100元的标准向著作权人支付报酬。

报刊刊载未发表的作品，不足五百字的按千字作半计算；超过五百字不足千字的按千字计算。

第十三条　报刊依照《中华人民共和国著作权法》的相关规定

转载、摘编其他报刊已发表的作品，应当自报刊出版之日起2个月内，按每千字100元的付酬标准向著作权人支付报酬，不足五百字的按千字作半计算，超过五百字不足千字的按千字计算。

报刊出版者未按前款规定向著作权人支付报酬的，应当将报酬连同邮资以及转载、摘编作品的有关情况送交中国文字著作权协会代为收转。中国文字著作权协会收到相关报酬后，应当按相关规定及时向著作权人转付，并编制报酬收转记录。

报刊出版者按前款规定将相关报酬转交给中国文字著作权协会后，对著作权人不再承担支付报酬的义务。

第十四条　以纸介质出版方式之外的其他方式使用文字作品，除合同另有约定外，使用者应当参照本办法规定的付酬标准和付酬方式付酬。

在数字或者网络环境下使用文字作品，除合同另有约定外，使用者可以参照本办法规定的付酬标准和付酬方式付酬。

第十五条　教科书法定许可使用文字作品适用《教科书法定许可使用作品支付报酬办法》。

第十六条　本办法由国家版权局会同国家发展和改革委员会负责解释。

第十七条　本办法自2014年11月1日起施行。国家版权局1999年4月5日发布的《出版文字作品报酬规定》同时废止。

教科书法定许可使用作品支付报酬办法

（经2013年9月2日国家版权局局务会议通过，并经国家发展和改革委员会同意，2013年10月22日国家版权局、国家发展和改革委员会令第10号公布自2013年12月1日起施行。）

第一条　为保护文学、艺术和科学作品作者的著作权，规范编写出版教科书使用已发表作品的行为，根据《中华人民共和国著作权法》、《中华人民共和国著作权法实施条例》及《著作权集体管理条例》，制定本办法。

第二条　本办法适用于使用已发表作品编写出版九年制义务教育和国家教育规划教科书的行为。本办法所称教科书不包括教学参考书和教学辅导材料。

本办法所称九年制义务教育教科书和国家教育规划教科书，是指为实施义务教育、高中阶段教育、职业教育、高等教育、民族教育、特殊教育，保证基本的教学标准，或者为达到国家对某一领域、某一方面教育教学的要求，根据国务院教育行政部门或者省级人民政府教育行政部门制定的课程方案、专业教学指导方案而编写出版的教科书。

第三条　在教科书中汇编已经发表的作品片断或者短小的文字作品、音乐作品或者单幅的美术作品、摄影作品，除作者事先声明不许使用的外，可以不经著作权人许可，但应当支付报酬，指明作者姓名、作品名称，并且不得侵犯著作权人依法享有的其他权利。

作品片断或者短小的文字作品，是指九年制义务教育教科书中使用的单篇不超过2000字的文字作品，或者国家教育规划（不含九年制义务教育）教科书中使用的单篇不超过3000字的文字作品。

短小的音乐作品，是指九年制义务教育和国家教育规划教科书中使用的单篇不超过5页面或时长不超过5分钟的单声部音乐作品，或者乘以相应倍数的多声部音乐作品。

第四条　教科书汇编者支付报酬的标准如下：

（一）文字作品：每千字300元，不足千字的按千字计算；

（二）音乐作品：每首300元；

（三）美术作品、摄影作品：每幅200元，用于封面或者封底的，每幅400元；

（四）在与音乐教科书配套的录音制品教科书中使用的已有录音制品：每首50元。

支付报酬的字数按实有正文计算，即以排印的版面每行字数乘以全部实有的行数计算。占行题目或者末尾排印不足一行的，按一行计算。

诗词每十行按一千字计算；不足十行的按十行计算。

非汉字的文字作品，按照相同版面同等字号汉字数付酬标准的80%计酬。

第五条　使用改编作品编写出版教科书，按照本办法第四条的规定确定报酬后，由改编作品的作者和原作品的作者协商分配，协商不成的，应当等额分配。

使用的作品有两个或者两个以上作者的，应当等额分配该作品的报酬，作者另有约定的除外。

第六条　教科书出版发行存续期间，教科书汇编者应当按照本办法每年向著作权人支付一次报酬。

报酬自教科书出版之日起2个月内向著作权人支付。

教科书汇编者未按照前款规定向著作权人支付报酬，应当在每学期开学第一个月内将其应当支付的报酬连同邮资以及使用作品的有关情况交给相关的著作权集体管理组织。教科书汇编者支付的报酬到账后，著作权集体管理组织应当及时按相关规定向著作权人转付，并及时在其网站上公告教科书汇编者使用作品的有关情况。

著作权集体管理组织收转报酬，应当编制报酬收转记录。

使用作品的有关情况包括使用作品的名称、作者（包括原作者和改编者）姓名、作品字数、出版时间等。

第七条　教科书出版后，著作权人要求教科书汇编者提供样书的，教科书汇编者应当向著作权人提供。

教科书汇编者按照本办法通过著作权集体管理组织转付报酬的，可以将样书交给相关的著作权集体管理组织，由其转交给著作权人。

转交样书产生的费用由教科书汇编者承担。

第八条　教科书汇编者按照本办法第六条第三款规定将相应报酬转交给著作权集体管理组织后，对著作权人不再承担支付报酬的义务。

第九条　教科书汇编者未按照本办法规定支付报酬的，应当承担停止侵权、消除影响、赔礼道歉、赔偿损失等民事责任。

第十条　教科书汇编者向录音制作者支付报酬，适用本办法第六条、第八条和第九条规定。

第十一条　本办法自 2013 年 12 月 1 日起施行。本办法施行前发布的其他有关规定与本办法不一致的，以本办法为准。

最高人民法院关于审理著作权
民事纠纷案件适用法律若干问题的解释

法释〔2002〕31号

（于2002年10月12日由最高人民法院审判委员会第1246次会议通过，自2002年10月15日起施行。）

为了正确审理著作权民事纠纷案件，根据《中华人民共和国民法通则》、《中华人民共和国合同法》、《中华人民共和国著作权法》、《中华人民共和国民事诉讼法》等法律的规定，就适用法律若干问题解释如下：

第一条　人民法院受理以下著作权民事纠纷案件：

（一）著作权及与著作权有关权益权属、侵权、合同纠纷案件；

（二）申请诉前停止侵犯著作权、与著作权有关权益行为，申请诉前财产保全、诉前证据保全案件；

（三）其他著作权、与著作权有关权益纠纷案件。

第二条　著作权民事纠纷案件，由中级以上人民法院管辖。

各高级人民法院根据本辖区的实际情况，可以确定若干基层人民法院管辖第一审著作权民事纠纷案件。

第三条　对著作权行政管理部门查处的侵犯著作权行为，当事人向人民法院提起诉讼追究该行为人民事责任的，人民法院应当受理。

人民法院审理已经过著作权行政管理部门处理的侵犯著作权行为的民事纠纷案件，应当对案件真实性进行全面审查。

第四条　因侵犯著作权行为提起的民事诉讼，由著作权法第四十六条、第四十七条所规定侵权行为的实施地、侵权复制品储藏地或者查封扣押地，被告住所地人民法院管辖。

前款规定的侵权复制品储藏地，是指大量或者经营性储存、隐匿侵权复制品所在地；查封扣押地，是指海关、版权、工商等行政机关依法查封、扣押侵权复制品所在地。

第五条　对涉及不同侵权行为实施地的多个被告提起的共同诉讼，原告可以选择其中一个被告的侵权行为实施地人民法院管辖；仅对其中某一被告提起的诉讼，该被告侵权行为实施地的人民法院有管辖权。

第六条　依法成立的著作权集体管理组织，根据著作权人的书面授权，以自己的名义提起诉讼，人民法院应当受理。

第七条　当事人提供的涉及著作权的底稿、原件、合法出版物、著作权登记证书、认证机构出具的证明、取得权利的合同等，可以作为证据。

在作品或者制品上署名的自然人、法人或者其他组织视为著作权、与著作权有关权益的权利人，但有相反证明的除外。

第八条　当事人自行或者委托他人以定购、现场交易等方式购买侵权复制品而了取得的实物、发票等，可以作为证据。

公证人员在未向涉嫌侵权的一方当事人表明身份的情况下，如实对另一方当事人按照前款规定的方式取得的证据和取证过程出具的公证书，应当作为证据使用，但有相反证据的除外。

第九条　著作权法第十条第（一）项规定的"公之于众"，是指著作权人自行或者经著作权人许可将作品向不特定的人公开，但不以公众知晓为构成条件。

第十条 著作权法第十五条第二款所指的作品，著作权人是自然人的，其保护期适用著作权法第二十一条第一款的规定；著作权人是法人或其他组织的，其保护期适用著作权法第二十一条第二款的规定。

第十一条 因作品署名顺序发生的纠纷，人民法院按照下列原则处理；有约定的按约定确定署名顺序；没有约定的，可以按照创作作品付出的劳动、作品排列、作者姓氏笔划等确定署名顺序。

第十二条 按照著作权法第十七条规定委托作品著作权属于受托人的情形，委托人在约定的使用范围内享有使用作品的权利；双方没有约定使用作品范围的，委托人可以在委托创作的特定目的范围内免费使用该作品。

第十三条 除著作权法第十一条第三款规定的情形外，由他人执笔，本人审阅定稿并以本人名义发表的报告、讲话等作品，著作权归报告人或者讲话人享有。著作权人可以支付执笔人适当的报酬。

第十四条 当事人合意以特定人物经历为题材完成的自传体作品，当事人对著作权权属有约定的，依其约定；没有约定的，著作权归该特定人物享有，执笔人或整理人对作品完成付出劳动的，著作权人可以向其支付适当的报酬。

第十五条 由不同作者就同一题材创作的作品，作品的表达系独立完成并且有创作性的，应当认定作者各自享有独立著作权。

第十六条 通过大众传播媒介传播的单纯事实消息属于著作权法第五条第（二）项规定的时事新闻。传播报道他人采编的时事新闻，应当注明出处。

第十七条　著作权法第三十二条第二款规定的转载，是指报纸、期刊登载其他报刊已发表作品的行为。转载未注明被转载作品的作者和最初登载的报刊出处的，应当承担消除影响，赔礼道歉等民事责任。

第十八条　著作权法第二十二条第（十）项规定的室外公共场所的艺术作品，是指设置或者陈列在室外社会公众活动处所的雕塑、绘画、书法等艺术作品。

对前款规定艺术作品的临摹、绘画、摄影、录像人，可以对其成果以合理的方式和范围再行使用，不构成侵权。

第十九条　出版者、制作者应当对其出版、制作有合法授权承担举证责任，发行者、出租者应当对其发行或者出租的复制品有合法来源承担举证责任。举证不能的，依据著作权法第四十六条、第四十七条的相应规定承担法律责任。

第二十条　出版物侵犯他人著作权的，出版者应当根据其过错、侵权程度及损害后果等承担民事赔偿责任。

出版者对其出版行为的授权、稿件来源和署名、所编辑出版物的内容等未尽到合理注意义务的，依据著作权法第四十八条的规定，承担赔偿责任。

出版者尽了合理注意义务，著作权人也无证据证明出版者应当知道其出版涉及侵权的，依据民法通则第一百一十七条第一款的规定，出版者承担停止侵权、返还其侵权所得利润的民事责任。

出版者所尽合理注意义务情况，由出版者承担举证责任。

第二十一条　计算机软件用户未经许可或者超过许可范围商业使用计算机软件的，依据著作权法第四十七条第（一）项、《计算机软件保护条例》第二十四条第（一）项的规定承担民事责任。

第二十二条　著作权转让合同未采取书面形式的，人民法院依据合同法第三十六条、第三十七条的规定审查合同是否成立。

第二十三条　出版者将著作权人交付出版的作品丢失、毁损致使出版合同不能履行的，依据著作权法第五十三条、民法通则第一百一十七条以及合同法第一百二十二条的规定追究出版者的民事责任。

第二十四条　权利人的实际损失，可以根据权利人因侵权所造成复制品发行减少量或者侵权复制品销售量与权利人发行该复制品单位利润乘积计算。发行减少量难以确定的，按照侵权复制品市场销售量确定。

第二十五条　权利人的实际损失或者侵权人的违法所得无法确定的，人民法院根据当事人的请求或者依职权适用著作权法第四十八条第二款的规定确定赔偿数额。

人民法院在确定赔偿数额时，应当考虑作品类型、合理使用费、侵权行为性质、后果等情节综合确定。

当事人按照本条第一款的规定就赔偿数额达成协议的，应当准许。

第二十六条　著作权法第四十九条第一款规定的制止侵权行为所支付的合理开支，包括权利人或者委托代理人对侵权行为进行调查、取证的合理费用。

人民法院根据当事人的诉讼请求和具体案情，可以将符合国家有关部门规定的律师费用计算在赔偿范围内。

第二十七条　在著作权法修改决定施行前发生的侵犯著作权行为起诉的案件，人民法院于该决定施行后作出判决的，可以参照适用著作权法第四十八条的规定。

第二十八条　侵犯著作权的诉讼时效为两年，自著作权人知道或者应当知道侵权行为之日起计算。权利人超过两年起诉的，如果侵权行为在起诉时仍在持续，在该著作权保护期内，人民法院应当判决被告停止侵权行为；侵权损害赔偿数额应当自权利人向人民法院起诉之日起向前推算两年计算。

第二十九条　对著作权法第四十七条规定的侵权行为，人民法院根据当事人的请求除追究行为人民事责任外，还可以依据民法通则第一百三十四条第三款的规定给予民事制裁，罚款数额可以参照《中华人民共和国著作权法实施条例》的有关规定确定。

著作权行政管理部门对相同的侵权行为已经给予行政处罚的，人民法院不再予以民事制裁。

第三十条　对2001年10月27日前发生的侵犯著作权行为，当事人于对2001年10月27日后向人民法院提出申请采取责令停止侵权行为或者证据保全措施的，适用著作权法第四十九条、第五十条的规定。

人民法院采取诉前措施，参照《最高人民法院关于诉前停止侵犯注册商标专用权行为和保全证据适用法律问题的解释》的规定办理。

第三十一条　除本解释另行规定外，2001年10月27日以后人民法院受理的著作权民事纠纷案件，涉及2001年10月27日前发生的民事行为的，适用修改前著作权法的规定；涉及该日期以后发生的民事行为的，适用修改后著作权法的规定；涉及该日期前发生，持续到该日期后的民事行为的，适用修改后著作权法的规定。

第三十二条　以前的有关规定与解释不一致的，以本解释为准。

最高人民法院关于审理侵害信息网络
传播权民事纠纷案件适用法律若干问题的规定

法释〔2012〕20 号

（于 2012 年 11 月 26 日由最高人民法院审判委员会第 1561
次会议通过，自 2013 年 1 月 1 日起施行）

为正确审理侵害信息网络传播权民事纠纷案件，依法保护信息
网络传播权，促进信息网络产业健康发展，维护公共利益，根据
《中华人民共和国民法通则》《中华人民共和国侵权责任法》《中华
人民共和国著作权法》《中华人民共和国民事诉讼法》等有关法律
规定，结合审判实际，制定本规定。

第一条　人民法院审理侵害信息网络传播权民事纠纷案件，在
依法行使裁量权时，应当兼顾权利人、网络服务提供者和社会公众
的利益。

第二条　本规定所称信息网络，包括以计算机、电视机、固定
电话机、移动电话机等电子设备为终端的计算机互联网、广播电视
网、固定通信网、移动通信网等信息网络，以及向公众开放的局域
网络。

第三条　网络用户、网络服务提供者未经许可，通过信息网络
提供权利人享有信息网络传播权的作品、表演、录音录像制品，除
法律、行政法规另有规定外，人民法院应当认定其构成侵害信息网
络传播权行为。

通过上传到网络服务器、设置共享文件或者利用文件分享软件等方式，将作品、表演、录音录像制品置于信息网络中，使公众能够在个人选定的时间和地点以下载、浏览或者其他方式获得的，人民法院应当认定其实施了前款规定的提供行为。

第四条　有证据证明网络服务提供者与他人以分工合作等方式共同提供作品、表演、录音录像制品，构成共同侵权行为的，人民法院应当判令其承担连带责任。网络服务提供者能够证明其仅提供自动接入、自动传输、信息存储空间、搜索、链接、文件分享技术等网络服务，主张其不构成共同侵权行为的，人民法院应予支持。

第五条　网络服务提供者以提供网页快照、缩略图等方式实质替代其他网络服务提供者向公众提供相关作品的，人民法院应当认定其构成提供行为。

前款规定的提供行为不影响相关作品的正常使用，且未不合理损害权利人对该作品的合法权益，网络服务提供者主张其未侵害信息网络传播权的，人民法院应予支持。

第六条　原告有初步证据证明网络服务提供者提供了相关作品、表演、录音录像制品，但网络服务提供者能够证明其仅提供网络服务，且无过错的，人民法院不应认定为构成侵权。

第七条　网络服务提供者在提供网络服务时教唆或者帮助网络用户实施侵害信息网络传播权行为的，人民法院应当判令其承担侵权责任。

网络服务提供者以言语、推介技术支持、奖励积分等方式诱导、鼓励网络用户实施侵害信息网络传播权行为的，人民法院应当认定其构成教唆侵权行为。

网络服务提供者明知或者应知网络用户利用网络服务侵害信息网络传播权，未采取删除、屏蔽、断开链接等必要措施，或者提供技术支持等帮助行为的，人民法院应当认定其构成帮助侵权行为。

第八条　人民法院应当根据网络服务提供者的过错，确定其是否承担教唆、帮助侵权责任。网络服务提供者的过错包括对于网络用户侵害信息网络传播权行为的明知或者应知。

网络服务提供者未对网络用户侵害信息网络传播权的行为主动进行审查的，人民法院不应据此认定其具有过错。

网络服务提供者能够证明已采取合理、有效的技术措施，仍难以发现网络用户侵害信息网络传播权行为的，人民法院应当认定其不具有过错。

第九条　人民法院应当根据网络用户侵害信息网络传播权的具体事实是否明显，综合考虑以下因素，认定网络服务提供者是否构成应知：

（一）基于网络服务提供者提供服务的性质、方式及其引发侵权的可能性大小，应当具备的管理信息的能力；

（二）传播的作品、表演、录音录像制品的类型、知名度及侵权信息的明显程度；

（三）网络服务提供者是否主动对作品、表演、录音录像制品进行了选择、编辑、修改、推荐等；

（四）网络服务提供者是否积极采取了预防侵权的合理措施；

（五）网络服务提供者是否设置便捷程序接收侵权通知并及时对侵权通知作出合理的反应；

（六）网络服务提供者是否针对同一网络用户的重复侵权行为

采取了相应的合理措施；

（七）其他相关因素。

第十条　网络服务提供者在提供网络服务时，对热播影视作品等以设置榜单、目录、索引、描述性段落、内容简介等方式进行推荐，且公众可以在其网页上直接以下载、浏览或者其他方式获得的，人民法院可以认定其应知网络用户侵害信息网络传播权。

第十一条　网络服务提供者从网络用户提供的作品、表演、录音录像制品中直接获得经济利益的，人民法院应当认定其对该网络用户侵害信息网络传播权的行为负有较高的注意义务。

网络服务提供者针对特定作品、表演、录音录像制品投放广告获取收益，或者获取与其传播的作品、表演、录音录像制品存在其他特定联系的经济利益，应当认定为前款规定的直接获得经济利益。网络服务提供者因提供网络服务而收取一般性广告费、服务费等，不属于本款规定的情形。

第十二条　有下列情形之一的，人民法院可以根据案件具体情况，认定提供信息存储空间服务的网络服务提供者应知网络用户侵害信息网络传播权：

（一）将热播影视作品等置于首页或者其他主要页面等能够为网络服务提供者明显感知的位置的；

（二）对热播影视作品等的主题、内容主动进行选择、编辑、整理、推荐，或者为其设立专门的排行榜的；

（三）其他可以明显感知相关作品、表演、录音录像制品为未经许可提供，仍未采取合理措施的情形。

第十三条　网络服务提供者接到权利人以书信、传真、电子邮件等方式提交的通知，未及时采取删除、屏蔽、断开链接等必要措施的，人民法院应当认定其明知相关侵害信息网络传播权行为。

第十四条　人民法院认定网络服务提供者采取的删除、屏蔽、断开链接等必要措施是否及时，应当根据权利人提交通知的形式、通知的准确程度，采取措施的难易程度，网络服务的性质，所涉作品、表演、录音录像制品的类型、知名度、数量等因素综合判断。

第十五条　侵害信息网络传播权民事纠纷案件由侵权行为地或者被告住所地人民法院管辖。侵权行为地包括实施被诉侵权行为的网络服务器、计算机终端等设备所在地。侵权行为地和被告住所地均难以确定或者在境外的，原告发现侵权内容的计算机终端等设备所在地可以视为侵权行为地。

第十六条　本规定施行之日起，《最高人民法院关于审理涉及计算机网络著作权纠纷案件适用法律若干问题的解释》（法释〔2006〕11号）同时废止。

本规定施行之后尚未终审的侵害信息网络传播权民事纠纷案件，适用本规定。本规定施行前已经终审，当事人申请再审或者按照审判监督程序决定再审的，不适用本规定。

最高人民法院关于审理利用信息网络侵害人身权益民事纠纷案件适用法律若干问题的规定

法释〔2014〕11号

（于2014年6月23日由最高人民法院审判委员会第1621次会议通过，自2014年10月10日起施行。）

为正确审理利用信息网络侵害人身权益民事纠纷案件，根据《中华人民共和国民法通则》《中华人民共和国侵权责任法》《全国人民代表大会常务委员会关于加强网络信息保护的决定》《中华人民共和国民事诉讼法》等法律的规定，结合审判实践，制定本规定。

第一条　本规定所称的利用信息网络侵害人身权益民事纠纷案件，是指利用信息网络侵害他人姓名权、名称权、名誉权、荣誉权、肖像权、隐私权等人身权益引起的纠纷案件。

第二条　利用信息网络侵害人身权益提起的诉讼，由侵权行为地或者被告住所地人民法院管辖。

侵权行为实施地包括实施被诉侵权行为的计算机等终端设备所在地，侵权结果发生地包括被侵权人住所地。

第三条　原告依据侵权责任法第三十六条第二款、第三款的规定起诉网络用户或者网络服务提供者的，人民法院应予受理。

原告仅起诉网络用户，网络用户请求追加涉嫌侵权的网络服务提供者为共同被告或者第三人的，人民法院应予准许。

原告仅起诉网络服务提供者，网络服务提供者请求追加可以确定的网络用户为共同被告或者第三人的，人民法院应予准许。

第四条　原告起诉网络服务提供者，网络服务提供者以涉嫌侵权的信息系网络用户发布为由抗辩的，人民法院可以根据原告的请求及案件的具体情况，责令网络服务提供者向人民法院提供能够确定涉嫌侵权的网络用户的姓名（名称）、联系方式、网络地址等信息。

网络服务提供者无正当理由拒不提供的，人民法院可以依据民事诉讼法第一百一十四条的规定对网络服务提供者采取处罚等措施。

原告根据网络服务提供者提供的信息请求追加网络用户为被告的，人民法院应予准许。

第五条　依据侵权责任法第三十六条第二款的规定，被侵权人以书面形式或者网络服务提供者公示的方式向网络服务提供者发出的通知，包含下列内容的，人民法院应当认定有效：

（一）通知人的姓名（名称）和联系方式；

（二）要求采取必要措施的网络地址或者足以准确定位侵权内容的相关信息；

（三）通知人要求删除相关信息的理由。

被侵权人发送的通知未满足上述条件，网络服务提供者主张免除责任的，人民法院应予支持。

第六条　人民法院适用侵权责任法第三十六条第二款的规定，认定网络服务提供者采取的删除、屏蔽、断开链接等必要措施是否及时，应当根据网络服务的性质、有效通知的形式和准确程度、网络信息侵害权益的类型和程度等因素综合判断。

第七条　其发布的信息被采取删除、屏蔽、断开链接等措施的网络用户，主张网络服务提供者承担违约责任或者侵权责任，网络服务提供者以收到通知为由抗辩的，人民法院应予支持。

被采取删除、屏蔽、断开链接等措施的网络用户，请求网络服务提供者提供通知内容的，人民法院应予支持。

第八条　因通知人的通知导致网络服务提供者错误采取删除、屏蔽、断开链接等措施，被采取措施的网络用户请求通知人承担侵权责任的，人民法院应予支持。

被错误采取措施的网络用户请求网络服务提供者采取相应恢复措施的，人民法院应予支持，但受技术条件限制无法恢复的除外。

第九条　人民法院依据侵权责任法第三十六条第三款认定网络服务提供者是否"知道"，应当综合考虑下列因素：

（一）网络服务提供者是否以人工或者自动方式对侵权网络信息以推荐、排名、选择、编辑、整理、修改等方式作出处理；

（二）网络服务提供者应当具备的管理信息的能力，以及所提供服务的性质、方式及其引发侵权的可能性大小；

（三）该网络信息侵害人身权益的类型及明显程度；

（四）该网络信息的社会影响程度或者一定时间内的浏览量；

（五）网络服务提供者采取预防侵权措施的技术可能性及其是否采取了相应的合理措施；

（六）网络服务提供者是否针对同一网络用户的重复侵权行为或者同一侵权信息采取了相应的合理措施；

（七）与本案相关的其他因素。

第十条　人民法院认定网络用户或者网络服务提供者转载网络信息行为的过错及其程度，应当综合以下因素：

（一）转载主体所承担的与其性质、影响范围相适应的注意义务；

（二）所转载信息侵害他人人身权益的明显程度；

（三）对所转载信息是否作出实质性修改，是否添加或者修改文章标题，导致其与内容严重不符以及误导公众的可能性。

第十一条　网络用户或者网络服务提供者采取诽谤、诋毁等手段，损害公众对经营主体的信赖，降低其产品或者服务的社会评价，经营主体请求网络用户或者网络服务提供者承担侵权责任的，人民法院应依法予以支持。

第十二条　网络用户或者网络服务提供者利用网络公开自然人基因信息、病历资料、健康检查资料、犯罪记录、家庭住址、私人活动等个人隐私和其他个人信息，造成他人损害，被侵权人请求其承担侵权责任的，人民法院应予支持。但下列情形除外：

（一）经自然人书面同意且在约定范围内公开；

（二）为促进社会公共利益且在必要范围内；

（三）学校、科研机构等基于公共利益为学术研究或者统计的目的，经自然人书面同意，且公开的方式不足以识别特定自然人；

（四）自然人自行在网络上公开的信息或者其他已合法公开的个人信息；

（五）以合法渠道获取的个人信息；

（六）法律或者行政法规另有规定。

网络用户或者网络服务提供者以违反社会公共利益、社会公德的方式公开前款第四项、第五项规定的个人信息，或者公开该信息侵害权利人值得保护的重大利益，权利人请求网络用户或者网络服务提供者承担侵权责任的，人民法院应予支持。

国家机关行使职权公开个人信息的，不适用本条规定。

第十三条　网络用户或者网络服务提供者，根据国家机关依职权制作的文书和公开实施的职权行为等信息来源所发布的信息，有下列情形之一，侵害他人人身权益，被侵权人请求侵权人承担侵权责任的，人民法院应予支持：

（一）网络用户或者网络服务提供者发布的信息与前述信息来源内容不符；

（二）网络用户或者网络服务提供者以添加侮辱性内容、诽谤性信息、不当标题或者通过增删信息、调整结构、改变顺序等方式致人误解；

（三）前述信息来源已被公开更正，但网络用户拒绝更正或者网络服务提供者不予更正；

（四）前述信息来源已被公开更正，网络用户或者网络服务提供者仍然发布更正之前的信息。

第十四条　被侵权人与构成侵权的网络用户或者网络服务提供者达成一方支付报酬，另一方提供删除、屏蔽、断开链接等服务的协议，人民法院应认定为无效。

擅自篡改、删除、屏蔽特定网络信息或者以断开链接的方式阻止他人获取网络信息，发布该信息的网络用户或者网络服务提供者请求侵权人承担侵权责任的，人民法院应予支持。接受他人委托实施该行为的，委托人与受托人承担连带责任。

第十五条　雇佣、组织、教唆或者帮助他人发布、转发网络信息侵害他人人身权益，被侵权人请求行为人承担连带责任的，人民法院应予支持。

第十六条　人民法院判决侵权人承担赔礼道歉、消除影响或者恢复名誉等责任形式的，应当与侵权的具体方式和所造成的影响范围相当。侵权人拒不履行的，人民法院可以采取在网络上发布公告或者公布裁判文书等合理的方式执行，由此产生的费用由侵权人承担。

第十七条　网络用户或者网络服务提供者侵害他人人身权益，造成财产损失或者严重精神损害，被侵权人依据侵权责任法第二十条和第二十二条的规定请求其承担赔偿责任的，人民法院应予支持。

第十八条　被侵权人为制止侵权行为所支付的合理开支，可以认定为侵权责任法第二十条规定的财产损失。合理开支包括被侵权人或者委托代理人对侵权行为进行调查、取证的合理费用。人民法院根据当事人的请求和具体案情，可以将符合国家有关部门规定的律师费用计算在赔偿范围内。

被侵权人因人身权益受侵害造成的财产损失或者侵权人因此获得的利益无法确定的，人民法院可以根据具体案情在50万元以下的范围内确定赔偿数额。

精神损害的赔偿数额，依据《最高人民法院关于确定民事侵权精神损害赔偿责任若干问题的解释》第十条的规定予以确定。

第十九条　本规定施行后人民法院正在审理的一审、二审案件适用本规定。

本规定施行前已经终审，本规定施行后当事人申请再审或者按照审判监督程序决定再审的案件，不适用本规定。

北京市高级人民法院关于确定
著作权侵权损害赔偿责任的指导意见

京高法发〔2005〕12 号

（2005 年 1 月 11 日起实施）

为切实维护著作权人和与著作权有关的权利人的合法权益，有效制裁侵权行为，规范文化市场秩序，统一执法标准，根据《中华人民共和国民法通则》、《中华人民共和国著作权法》及《最高人民法院关于审理著作权民事纠纷案件适用法律若干问题的解释》的规定，结合北京市法院著作权审判工作实际，现就如何确定著作权侵权损害赔偿责任提出如下意见：

损害赔偿责任的认定

第一条　被告因过错侵犯著作权人或者与著作权有关的权利人的合法权利且造成损害的，应当承担赔偿损失的民事责任。

原告应当提交被告侵权的相关证据。被告主张自己没有过错的，应当承担举证责任，否则须承担不利的法律后果。

第二条　被告具有下列情形之一的，可以认定其具有过错：

（一）经权利人提出确有证据的警告，被告没有合理理由仍未停止其行为的；

（二）未尽到法律法规、行政规章规定的审查义务的；

（三）未尽到与公民年龄、文化程度、职业、社会经验和法人经营范围、行业要求等相适应的合理注意义务的；

（四）合同履行过程中或合同终止后侵犯合同相对人著作权或者与著作权有关的权利的；

（五）其他可以认定具有过错的情形。

第三条　被告虽无过错但侵犯著作权人或者与著作权有关的权利人的合法权利且造成损害的，不承担损害赔偿责任，但可判令其返还侵权所得利润。如果被告因其行为获利较大，或者给原告造成较大损失的，可以依据公平原则，酌情判令被告给予原告适当补偿。

第四条　共同被告构成共同侵权的，应当承担连带赔偿责任。

明知或者应知他人实施侵权行为，而仍为其提供经营场所或其他帮助的，应当承担连带赔偿责任。

商标许可人、特许经营的特许人，明知或者应知被许可人实施侵权行为，并有义务也有能力予以制止，却未采取有效措施的，应当承担连带赔偿责任。

二个以上被告均构成侵权，但不具有共同过错的，应当分别承担赔偿责任。

损害赔偿的原则及方法

第五条　确定的侵权赔偿数额应当能够全面而充分地弥补原告因被侵权而受到的损失。

在原告诉讼请求数额的范围内，如有证据表明被告侵权所得高于原告实际损失的，可以将被告侵权所得作为赔偿数额。

第六条　确定著作权侵权损害赔偿数额的主要方法有：

（一）权利人的实际损失；

（二）侵权人的违法所得；

（三）法定赔偿。

适用上述计算方法时，应将原告为制止侵权所支付的合理开支列入赔偿范围，并与其他损失一并作为赔偿数额在判决主文中表述。

对权利人的实际损失和侵权人的违法所得可以基本查清，或者根据案件的具体情况，依据充分证据，运用市场规律，可以对赔偿数额予以确定的，不应直接适用法定赔偿方法。

第七条　本规定第六条第一款第（一）项所称"权利人的实际损失"可以依据以下方法计算：

（一）被告侵权使原告利润减少的数额；

（二）被告以报刊、图书出版或类似方式侵权的，可参照国家有关稿酬的规定；

（三）原告合理的许可使用费；

（四）原告复制品销量减少的数量乘以该复制品每件利润之积；

（五）被告侵权复制品数量乘以原告每件复制品利润之积；

（六）因被告侵权导致原告许可使用合同不能履行或难以正常履行产生的预期利润损失；

（七）因被告侵权导致原告作品价值下降产生的损失；

（八）其他确定权利人实际损失的方法。

第八条　本规定第六条第一款第（二）项所称"侵权人的违法所得"包括以下三种情况：

（一）产品销售利润；

（二）营业利润；

（三）净利润。

一般情况下，应当以被告营业利润作为赔偿数额。

被告侵权情节或者后果严重的，可以产品销售利润作为赔偿数额。

侵权情节轻微，且诉讼期间已经主动停止侵权的，可以净利润作为赔偿数额。

适用上述方法，应当由原告初步举证证明被告侵权所得，或者阐述合理理由后，由被告举证反驳；被告没有证据，或者证据不足以证明其事实主张的，可以支持原告的主张。

第九条 适用本规定第六条第一款第（三）项所称"法定赔偿"应当根据以下因素综合确定赔偿数额：

（一）通常情况下，原告可能的损失或被告可能的获利；

（二）作品的类型，合理许可使用费，作品的知名度和市场价值，权利人的知名度，作品的独创性程度等；

（三）侵权人的主观过错、侵权方式、时间、范围、后果等。

第十条 适用法定赔偿方法应当以每件作品作为计算单位。

第十一条 原告提出象征性索赔的，在认定侵权成立，并查明原告存在实际损失基本事实的情况下，应当予以支持。

第十二条 被控侵权行为在诉讼期间仍在持续，原告在一审法庭辩论终结前提出增加赔偿的请求并提供相应证据，应当将诉讼期间原告扩大的损失一并列入赔偿范围。

二审诉讼期间原告损失扩大需要列入赔偿范围的，二审法院应当就赔偿数额进行调解，调解不成的，可以就赔偿数额重新作出判决，并在判决书中说明理由。

第十三条　本规定第六条第二款所称"合理开支"包括：

（一）律师费；

（二）公证费及其他调查取证费；

（三）审计费；

（四）交通食宿费；

（五）诉讼材料印制费；

（六）权利人为制止侵权或诉讼支付的其他合理开支。

对上述开支的合理性和必要性应当进行审查。

第十四条　本规定第十三条第一款第（一）项所称"律师费"是指当事人与其代理律师依法协议确定的律师费。可以按照以下原则确定予以支持的赔偿数额：

（一）根据案件的专业性或复杂程度，确实有必要委托律师代理诉讼的；

（二）被告侵权行为基本成立，且应当承担损害赔偿责任的，按照判决确定的赔偿数额与诉讼请求数额比例确定支持的律师费；同时判决支持其他诉讼请求的，应当适当提高赔偿数额；

（三）被告不承担损害赔偿责任，但被判令承担停止侵权、赔礼道歉等民事责任的，按照原告诉讼请求被支持情况酌情确定支持的律师费，但一般不高于律师费的三分之一。

第十五条　本规定第十三条第一款第（二）项所称"公证费"符合以下条件的由被告承担：

（一）侵权基本成立；

（二）公证证明被作为认定案件事实的证据。

第十六条　本规定第十三条第一款第（三）项所称"审计费"按照判决确定的赔偿数额占诉讼请求数额比例予以支持。

第十七条　被告因侵犯著作权或者与著作权有关的权利，曾经两次以上被追究刑事、行政或民事责任的，应当在依据本规定确定的赔偿数额的限度内，从重确定赔偿数额。

第十八条　判决书中针对赔偿数额所作论述的详略程度，应当根据案件的复杂程度、当事人的争议大小等具体情况分别确定。

第十九条　被告实施著作权法第四十七条规定的侵权行为，情节严重，并损害公共利益的，可以给予以下民事制裁：

（一）罚款。其数额不高于判决确定的赔偿数额的3倍；

（二）没收、销毁侵权复制品；

（三）没收主要用于制作侵权复制品的材料、工具、设备等。

第二十条　原告基于不正当目的，以提起诉讼为手段，虚构事实，被驳回起诉或诉讼请求的，可以判令原告支付被告为诉讼支付的合理开支，包括：

（一）律师费；

（二）交通食宿费；

（三）调查取证费；

（四）误工费；

（五）其他为诉讼支出的合理费用。

精神损害赔偿

第二十一条　侵犯原告著作人身权或者表演者人身权情节严

重，适用停止侵权、消除影响、赔礼道歉仍不足以抚慰原告所受精神损害的，应当判令被告支付原告精神损害抚慰金。

法人或者其他组织以著作人身权或者表演者人身权受到侵害为由，起诉请求赔偿精神损害的，不予受理。

第二十二条　具有以下情形之一的，可以判令被告支付原告精神损害抚慰金：

（一）未经原告许可，严重违背其意愿发表其作品，并给原告的信誉、社会评价带来负面影响的；

（二）抄袭原告作品数量大、影响广，并使被告因此获得较大名誉的；

（三）严重歪曲、篡改他人作品的；

（四）未经许可，将原告主要参加创作的合作作品以个人名义发表，并使被告获得较大名誉的；

（五）没有参加创作，为谋取个人名利，在原告作品上署名的；

（六）严重歪曲表演形象，给原告的社会形象带来负面影响的；

（七）制作、出售假冒原告署名的作品，影响较大的；

（八）其他应当支付权利人精神损害抚慰金的情形。

第二十三条　精神损害抚慰金的数额应当根据被告的过错程度、侵权方式、侵权情节、影响范围、侵权获利情况、承担赔偿责任的能力等因素综合确定。

精神损害抚慰金一般不低于2000元，不高于5万元。

第二十四条　著作权人或者表演者权人死亡后，其近亲属以被告侵犯著作人身权或表演者人身权使自己遭受精神痛苦为由，起诉请求赔偿精神损害的，应当受理。

常见侵权赔偿数额的确定

第二十五条　依据本规定第七条第一款第（二）项所述方法确定原告损失的，可以参考以下因素，在国家有关稿酬规定的2至5倍内确定赔偿数额：

（一）作品的知名度及侵权期间的市场影响力；

（二）作者的知名度；

（三）被告的过错程度；

（四）作品创作难度及投入的创作成本。

文字作品字数不足千字的以千字计算。

原告如证明类似情况下收取的合理稿酬标准，应予考虑。

第二十六条　在网络上传播文字、美术、摄影等作品的，可以参照国家有关稿酬规定确定赔偿数额。

第二十七条　以广告方式使用文字、美术、摄影等作品，包括用于报刊广告、户外广告、网络广告、店面广告、产品说明书等，可以根据广告主的广告投入、广告制作者收取的制作费、广告发布者收取的广告费，以及作品的知名度、在广告中的作用、被告的经营规模、侵权方式和范围等因素综合确定赔偿数额。

原告如证明类似情况下的合理许可使用费，应予考虑。

第二十八条　商业用途使用文字、美术、摄影等作品，如用于商品包装装潢、商品图案、有价票证、邮品等，可以根据作品的知名度、在产品中的显著性、被告的经营规模、侵权方式、范围、获利等因素综合确定赔偿数额，所确定的赔偿数额一般应高于按照本规定第七条第一款第（二）项及第二十五条确定的赔偿数额。

第二十九条　侵犯音乐作品著作权、音像制品权利人权利的，可以按照以下方法确定赔偿数额：

（一）原告合理的许可使用费；

（二）著作权集体管理组织提起诉讼的，按其许可费标准；

（三）商业用途使用的，可以参考本规定第二十八条确定赔偿数额的方法。

第三十条　提供图片、音乐等下载服务的，可以按照以下方法确定赔偿数额：

（一）原告合理的许可使用费；

（二）著作权集体管理组织提起诉讼的，按其许可费标准；

（三）被告提供侵权服务获得的利润。

第三十一条　软件最终用户侵犯计算机软件著作权的，可以按照以下方法确定赔偿数额：

（一）原告合理的许可使用费；

（二）正版软件市场价格。

第三十二条　依据本规定第二十六条至第三十一条的方法确定赔偿数额的，可以同时根据第二十五条第一款规定的因素，在上述数额的2至5倍内确定具体的赔偿数额。

第三十三条　被告在被控侵权出版物或者广告宣传中表明的侵权复制品的数量高于其在诉讼中的陈述，除其提供证据或者合理理由予以否认，应以出版物或广告宣传中表明的数量作为确定赔偿数额的依据。

第三十四条　图书、音像制品的出版商、复制商、发行商等侵犯著作权或者与著作权有关的权利的，其应当能够提供有关侵权复制品的具体数量却拒不举证，或所提证据不能采信的，可以按照以下数量确定侵权复制品数量：

（一）图书不低于3000册；

（二）音像制品不低于2万盘。

附则

第三十五条　本规定自下发之日起施行。

北京市高级人民法院关于网络著作权
纠纷案件若干问题的指导意见（一）（试行）

京高法发〔2010〕166号

（2010年5月19日印发）

一、网络服务提供者侵权责任的构成要件

1.网络服务提供者构成对信息网络传播权的侵犯、承担侵权的民事责任，应具备违法行为、损害后果、违法行为与损害后果具有因果关系和过错四个要件。

二、信息网络传播行为的判断及其法律调整

（一）信息网络传播行为的判断及法律调整

2.信息网络传播行为是指将作品、表演、录音录像制品上传至或以其他方式将其置于向公众开放的网络服务器中，使公众可以在选定的时间和地点获得作品、表演、录音录像制品的行为。

将作品、表演、录音录像制品上传至或以其他方式置于向公众开放的网络服务器中，使作品、表演、录音录像制品处于公众可以在选定的时间和地点下载、浏览或以其他方式在线获得，即构成信息网络传播行为，无需当事人举证证明实际进行过下载、浏览或以其他方式在线获得的事实。

3.网络服务提供者为服务对象提供自动接入、自动传输、信息存储空间、搜索、链接、P2P（点对点）等服务的，属于为服务对象传播的信息在网络上传播提供技术、设施支持的帮助行为，不构成直接的信息网络传播行为。

4.网络服务提供者的行为是否构成信息网络传播行为，通常应以传播的作品、表演、录音录像制品是否由网络服务提供者上传或以其它方式置于向公众开放的网络服务器上为标准。

原告主张网络服务提供者所提供服务的形式使用户误认为系网络服务提供者传播作品、表演、录音录像制品，但网络服务提供者能够提供证据证明其提供的仅是自动接入、自动传输、信息存储空间、搜索、链接、P2P（点对点）等服务的，不应认为网络服务提供者的行为构成信息网络传播行为。

5.网络服务提供者主张其仅提供信息存储空间、搜索、链接、P2P（点对点）等技术、设备服务，但其与提供作品、表演、录音录像制品的网络服务提供者在频道、栏目等内容方面存在合作关系的，可以根据合作的具体情况认定其实施了信息网络传播行为。

6.提供信息存储空间服务的网络服务提供者对服务对象提供的作品、表演、录音录像制品的主题、质量、内容等进行审查或者对作品、表演、录音录像制品进行了涉及内容的选择、编辑、整理，以决定是否在网络上发布的，其行为构成直接的信息网络传播行为，但基于法律、法规和部门规章的要求对著作权状况之外的内容进行审查的除外。

7.提供搜索、链接服务的网络服务提供者所提供服务的形式使用户误认为系其提供作品、表演、录音录像制品，被链网站经营者主张其构成侵权的，可以依据反不正当竞争法予以调整。

8.网络服务提供者主张其仅为被诉侵权的作品、表演、录音录像制品提供了信息存储空间、搜索、链接、P2P（点对点）等服务的，应举证证明。网络服务提供者不能提供证据证明被诉侵权的作品、表演、录音录像制品系由他人提供并置于向公众开放的网络服务器中的，可以推定该服务提供者实施了信息网络传播行为。

9.将作品、表演、录音录像制品上传至或以其他方式置于向公众开放的局域网中，使公众可以在其个人选定的时间和地点获得的，属于信息网络传播行为。

10.网络服务提供者通过信息网络按照事先安排的时间表向公众提供作品的在线播放的，不构成信息网络传播行为，应适用著作权法第十条第一款第（十七）项进行调整。

（二）"快照"的性质及法律责任

11.网络服务提供者在提供搜索服务时以"快照"形式在其服务器上生成作品、表演、录音录像制品的复制件并通过信息网络向公众提供，使得公众能够在选定的时间和地点获得作品的，构成信息网络传播行为。

12.网络服务提供者主张其提供的网页"快照"服务属于《信息网络传播权保护条例》第二十一条所称的提供系统缓存服务、应当免责，如"快照"服务系网络服务提供者事先把被诉侵权作品、表演、录音录像制品存储在网络服务器中，或者其行为不符合《信息网络传播权保护条例》第二十一条规定的三个免责条件的，不能够援引该条款免责。

13.网络服务提供者以提供网页"快照"的形式使用他人网站上传播的作品、表演、录音录像制品，未影响他人网站对作品、表演、录音录像制品的正常使用，亦未不合理地损害他人网站对于作品、表演、录音录像制品的合法权益，从而未实质性代替用户对他人网站的访问，并符合法律规定的其他条件的，可以认定构成合理使用。

三、网络技术、设备服务提供行为的法律性质、服务提供者的过错判断及其法律适用

（一）网络技术、设备服务行为的法律性质

14.提供信息存储空间、搜索、链接、P2P（点对点）等服务的网络服务提供者通过网络参与、教唆、帮助他人实施侵犯著作权、表演者权、录音录像制作者权的行为，并有过错的，承担共同侵权责任。

15.提供信息存储空间、搜索、链接、P2P（点对点）等服务的网络服务提供者构成侵权应当以他人实施了直接侵权行为为前提条件，即第三人利用信息存储空间、搜索、链接、P2P（点对点）等服务传播作品、表演、录音录像制品的行为系侵犯他人的信息网络传播权的行为。

（二）网络技术、设备服务提供者过错的标准及其判断

16.判断提供信息存储空间、搜索、链接、P2P（点对点）等服务的网络服务提供者有无过错，应审查网络服务提供者对其行为的

不良后果是否知道或者有合理理由知道。是否知道或者有合理理由知道应以网络服务提供者的预见能力和预见范围为基础，又要区别通常预见水平和专业预见水平等情况。

网络服务提供者对其行为的不良后果知道或者有合理理由知道，一般指网络服务提供者知道或者有合理理由知道他人利用其服务传播被诉作品、表演、录音录像制品构成侵权。

"知道"指网络服务提供者实际知道侵权行为存在；"有合理理由知道"指因存在着明显侵权行为的事实或者情况，网络服务提供者从中应当意识到侵权行为的存在。

17.提供信息存储空间、搜索、链接、P2P（点对点）等服务的网络服务提供者对他人利用其服务传播作品、表演、录音录像制品是否侵权一般不负有事先进行主动审查、监控的义务。

依照相关法律及其规定应当进行审查的，应当审查。

18.根据服务对象的指令，通过信息网络自动为被诉侵权作品、表演、录音录像制品提供信息存储空间、搜索、链接、P2P（点对点）等服务，且对被诉侵权的作品、表演、录音录像制品不进行编辑、修改或选择的，除非有网络服务提供者知道或者有合理理由知道存在侵权行为的其他情形，否则不应认定网络服务提供者有过错。

19.在下列情况下，提供信息存储空间服务的网络服务提供者应当知道也能够知道被诉作品、表演、录音录像制品侵权的，可以认定其有过错：

（1）存储的被诉侵权的内容为处于档期或者热播、热映期间的视听作品、流行的音乐作品或知名度较高的其他作品及与之相关的表演、录音录像制品，且上述作品、表演、录音录像制品位于首页、其他主要页面或者其他可为服务提供者明显所见的位置的；

（2）被诉侵权的作品、表演、录音录像制品位于BBS首页或其他主要页面，在合理期间内网络服务提供者未采取移除措施的；

（3）将被诉侵权的专业制作且内容完整的视听作品，或者处于档期或者热播、热映期间的视听作品置于显要位置，或者对其进行推荐，或者为其设立专门的排行榜或者"影视"频道等影视作品分类目录的；

（4）对服务对象上传的被诉侵权作品、表演、录音录像制品进行选择、整理、分类的；

（5）其他。

20.提供搜索、链接、P2P（点对点）等服务的网络服务提供者按照自己的意志，在搜集、整理、分类的基础上，对被诉侵权的作品、表演、录音录像制品制作相应的分类、列表，网络服务提供者知道或者有理由知道被诉侵权作品、表演、录音录像制品构成侵权的，可以认定其有过错。

（三）P2P（点对点）服务的法律适用

21.提供P2P（点对点）服务的网络服务提供者通过P2P（点对点）服务参与、教唆、帮助他人实施侵权行为从而构成侵权的，应当适用《民法通则》第一百三十条规定和最高人民法院2006年12月修正的《关于审理涉及计算机网络著作权纠纷案件适用法律若干问题的解释》第三条的规定。

（四）网络技术、设备服务提供者的免责条件

22.《信息网络传播权保护条例》第二十条、第二十一条、第二十二条、第二十三条针对提供自动接入、自动传输、系统缓存、信息存储空间、搜索、链接服务的网络服务提供者所规定的免责条件仅指免除损害赔偿的责任；网络服务提供者是否承担其他责任，应依据《民法通则》、《著作权法》等法律法规的规定予以确定。

23.网络服务提供者主张其符合《信息网络传播权保护条例》规定的免责条件的，应对所依据的相关事实负举证责任。

24.《信息网络传播权保护条例》第二十二条规定所称"改变"，是指对服务对象提供的作品、表演、录音录像制品的内容进行了改变。

下列行为不应视为对服务对象提供的作品、表演、录音录像制品进行了"改变"：

（1）仅对作品、表演、录音录像制品的存储格式进行了改变；

（2）对作品、表演、录音录像加注数字水印等网站标识；

（3）在作品、表演、录音录像之前或结尾处投放广告以及在作品、表演、录音录像中插播广告。

25.网络服务提供者因提供信息存储空间服务，按照时间、流量等向用户收取标准费用的，不属于《信息网络传播权保护条例》第二十二条第（四）项所称的"从服务对象提供作品、表演、录音录像制品中直接获得经济利益"。

网络服务提供者因提供信息存储空间服务而收取的广告费，一般不应认定为直接获得的经济利益；网络服务提供者针对特定作

品、表演、录音录像制品而投放的广告，可以根据案件的具体情况，在认定网络服务提供者是否存在过错时酌情予以综合考虑。

26.根据《信息网络传播权保护条例》第二十三条的规定免除提供搜索、链接服务的网络服务提供者的损害赔偿责任的，应同时具备以下两个条件：一是提供搜索、链接服务的网络服务提供者对所链接的作品、表演、录音录像制品是否侵权不明知并且不应知；二是提供搜索、链接服务的网络服务提供者接到权利人的通知书后，根据本条例规定断开与侵权的作品、表演、录音录像制品的链接。

27.权利人向提供信息存储空间、搜索、链接服务的网络服务提供者提交的通知应符合《信息网络传播权保护条例》第十四条的规定。

28.权利人提交的通知未包含被诉侵权的作品、表演、录音录像制品的网络地址，但网络服务提供者根据该通知提供的信息对被诉侵权的作品、表演、录音录像制品能够足以准确定位的，可以认定权利人提交的通知属于最高人民法院《关于审理涉及计算机网络著作权纠纷案件适用法律若干问题的解释》第四条所称的"确有证据的警告"。

29.对被诉侵权的作品、表演、录音录像制品是否能够足以准确定位，应当考虑网络服务提供者提供的服务类型、权利人要求删除或断开链接的文字作品或者表演、录音录像制品的文件类型以及作品、表演、录音录像制品的名称是否具有特定性等具体情况认定。

30.接到权利人符合《信息网络传播权保护条例》第十四条规定的通知或者最高人民法院《关于审理涉及计算机网络著作权纠纷案件适用法律若干问题的解释》第四条所称的"确有证据的警告"

后，网络服务提供者在合理期限内未及时删除权利人认为侵权的作品、表演、录音录像制品，或者在合理期限内未及时断开与侵权的作品、表演、录音录像制品的链接的，如权利人通知的内容属实，可以认定网络服务提供者存在过错，对损害的扩大部分承担相应的法律责任。

31.网络服务提供者是否在合理期限内及时删除侵权的作品、表演、录音录像制品，或者断开与侵权作品、表演、录音录像制品的链接，应根据权利人提交的通知的形式、通知的准确性、通知中涉及的文件数量、删除或者断开链接的难易程度、网络服务的性质等因素综合认定。

四、技术措施

32.《信息网络传播权保护条例》第二十六条规定的技术措施是指为保护权利人在著作权法上的正当利益而采取的控制浏览、欣赏或者控制使用作品、表演、录音录像制品的技术措施。

下列情形中的技术措施不应认定为应受著作权法保护的技术措施。

（1）用于实现作品、表演、录音录像制品与产品或者服务的捆绑销售的；

（2）用于实现作品、表演、录音录像制品价格区域划分的；

（3）用于破坏未经许可使用作品、表演、录音录像制品的用户的计算机系统的；

（4）其他妨害公共利益保护、与权利人在著作权法上的正当利益无关的技术措施。

33.受著作权法保护的技术措施应为有效的技术措施。技术措施是否有效，应以一般用户掌握的通常方法是否能够避开或者破解位标准。技术专家能够通过某种方式避开或者破解技术措施的，不影响技术措施的有效性。

五、网站经营者的认定

34.网站登记备案信息、网站中标示的信息载明的经营者，是网站经营者。网站登记备案信息、网站中标示的信息所载明的经营者不一致的，除有相反证据证明外，可以认定网站登记备案信息、网站中标示的信息所载明的经营者为共同经营者。

35.域名持有者注册信息可以作为证明网站经营者身份的初步证据，但有相反证明的除外。

中华人民共和国侵权责任法（节选）

（由十一届全国人大常委会第十二次会议审议于2009年12月26日通过，自2010年7月1日起实施。）

第三十六条　网络用户、网络服务提供者利用网络侵害他人民事权益的，应当承担侵权责任。

网络用户利用网络服务实施侵权行为的，被侵权人有权通知网络服务提供者采取删除、屏蔽、断开链接等必要措施。网络服务提供者接到通知后未及时采取必要措施的，对损害的扩大部分与该网络用户承担连带责任。

网络服务提供者知道网络用户利用其网络服务侵害他人民事权益，未采取必要措施的，与该网络用户承担连带责任。

国家版权局办公厅关于规范网络转载版权秩序的通知

国版办发〔2015〕3号

为贯彻落实中共中央办公厅、国务院办公厅印发的《关于推动传统媒体和新兴媒体融合发展的指导意见》,鼓励报刊单位和互联网媒体合法、诚信经营,推动建立健全版权合作机制,规范网络转载版权秩序,根据《中华人民共和国著作权法》、《中华人民共和国著作权法实施条例》、《信息网络传播权保护条例》有关规定,现就规范网络转载版权秩序有关事项通知如下:

一、互联网媒体转载他人作品,应当遵守著作权法律法规的相关规定,必须经过著作权人许可并支付报酬,并应当指明作者姓名、作品名称及作品来源。法律、法规另有规定的除外。

互联网媒体依照前款规定转载他人作品,不得侵犯著作权人依法享有的其他权益。

二、报刊单位之间相互转载已经刊登的作品,适用《著作权法》第三十三条第二款的规定,即作品刊登后,除著作权人声明不得转载、摘编的外,其他报刊可以转载或者作为文摘、资料刊登,但应当按照规定向著作权人支付报酬。

报刊单位与互联网媒体、互联网媒体之间相互转载已经发表的作品,不适用前款规定,应当经过著作权人许可并支付报酬。

三、互联网媒体转载他人作品,不得对作品内容进行实质性修改;对标题和内容做文字性修改和删节的,不得歪曲篡改标题和作品的原意。

四、《著作权法》第五条所称时事新闻，是指通过报纸、期刊、广播电台、电视台等媒体报道的单纯事实消息，该单纯事实消息不受著作权法保护。凡包含了著作权人独创性劳动的消息、通讯、特写、报道等作品均不属于单纯事实消息，互联网媒体进行转载时，必须经过著作权人许可并支付报酬。

五、报刊单位可以就通过约稿、投稿等方式获得的作品与著作权人订立许可使用合同，明确约定许可使用的权利种类、许可使用的权利是专有使用权或者非专有使用权、许可使用的地域范围和期间、付酬标准和办法、违约责任以及双方认为需要约定的其他内容。双方约定权利由报刊单位行使的，互联网媒体转载该作品，应当经过报刊单位许可并支付报酬。

六、报刊单位可以与其职工通过合同就职工为完成报刊单位工作任务所创作作品的著作权归属进行约定。合同约定著作权由报刊单位享有的，报刊单位可以通过发布版权声明的方式，明确报刊单位刊登作品的权属关系，互联网媒体转载此类作品，应当经过报刊单位许可并支付报酬。

七、报刊单位和互联网媒体应当建立健全本单位版权管理制度。建立本单位及本单位职工享有著作权的作品信息库，载明作品权属信息，对许可他人使用的作品应载明授权方式、授权期限等相关信息。建立经许可使用的他人作品信息库，载明权利来源、授权方式、授权期限等相关信息。

八、报刊单位与互联网媒体、互联网媒体之间应当通过签订版权许可协议等方式建立网络转载版权合作机制，加强对转载作品的版权审核，共同探索合理的授权价格体系，进一步完善作品的授权交易机制。

　　九、各级版权行政管理部门要加大对互联网媒体的版权监管力度，支持行业组织在推动版权保护、版权交易、自律维权等方面发挥积极作用，严厉打击未经许可转载、非法传播他人作品的侵权盗版行为。

国家版权局办公厅

2015 年 4 月 17 日

国家版权局办公厅关于加强网络文学作品版权管理的通知

为加强网络文学作品版权管理，进一步规范网络文学作品版权秩序，根据《中华人民共和国著作权法》等法律、法规，现就有关事项通知如下：

一、任何组织或者个人通过信息网络传播文学作品，以及为用户通过信息网络传播文学作品提供相关网络服务，应当遵守著作权法律、法规，尊重权利人的合法权利，维护网络文学作品版权秩序。

二、通过信息网络提供文学作品以及提供相关网络服务的网络服务商，应当加强版权监督管理，建立健全侵权作品处理机制，依法履行保护网络文学作品版权的义务。

三、通过信息网络提供文学作品的网络服务商，应当依法履行传播文学作品的版权审查和注意义务，除法律、法规另有规定外，未经权利人许可，不得传播其文学作品。

四、通过信息网络提供文学作品的网络服务商，应当建立版权投诉机制，积极受理权利人投诉，及时依法处理权利人的合法诉求。

五、提供搜索引擎、浏览器、论坛、网盘、应用程序商店以及贴吧、微博、微信等服务的网络服务商，未经权利人许可，不得提供或者利用技术手段变相提供文学作品；不得为用户传播未经权利人许可的文学作品提供便利。

六、提供搜索引擎、浏览器、论坛、网盘、应用程序商店以及贴吧、微博、微信等服务的网络服务商，应当在其服务平台的显著位置载明权利人通知、投诉的方式，及时受理权利人通知、投诉，并在接到权利人通知、投诉24小时内删除侵权作品、断开相关链接。

七、提供搜索引擎、浏览器等服务的网络服务商，不得通过定向搜索或者链接，以及编辑、聚合等方式传播未经权利人许可的文学作品。

八、提供贴吧、论坛、应用程序商店等服务的网络服务商，应当审核并保存吧主、版主、应用程序开发者等的姓名、账号、网络地址、联系方式等信息。

九、提供对以文学作品或者作者命名的贴吧、论坛等服务的网络服务商，应当责成吧主、版主等确认用户提供的文学作品系权利人本人提供，或者已经取得权利人许可。

十、提供信息存储空间服务的网盘服务商，应当遵守国家版权局《关于规范网盘服务版权秩序的通知》，主动屏蔽、删除侵权文学作品，防止用户上传、存储并分享侵权文学作品。

十一、国家版权局建立网络文学作品版权监管"黑白名单制度"，适时公布文学作品侵权盗版网络服务商"黑名单"、网络文学作品重点监管"白名单"。

十二、各级版权行政机关应当加强网络文学作品版权执法监管力度，依法查处网络文学作品侵权盗版行为，保障网络文学作品版权秩序。

十三、本通知自印发之日起实施。

国家版权局办公厅

2016年11月14日

著作权知识

一、著作权的内容

著作权包括著作人身权和著作财产权。一般来说，人身权具有人身属性，不能通过合同约定、继承等方式取得，而著作财产权则可以转让。也就是说，一部作品的著作人身权和著作财产权是可以分离的，可以由不同的主体分别享有。

（一）人身权

著作人身权是基于作者创作而产生的，是作者对其作品之人格与精神利益享有的独占权利，由作者终身享有，不可转让和剥夺。人身权本身追求的不是财产上的利益，因此不具有直接的财产内容。依据《中华人民共和国著作权法》（以下简称"《著作权法》"）的规定，著作权人享有以下人身权：

1.发表权

发表权，即决定作品是否公之于众的权利。作品创作完成后，是否发表，由作者（著作权人）决定。发表权是著作权人的一项重要权利，它是著作权人实现著作权中的财产权的基础。出版、复制、摄制等往往是著作权人行使发表权的结果。

2.署名权

署名权，即表明作者身份，在作品上署名的权利。在作品上署名除表明自己是该作品的作者外，还表明署名人因此而承担相关的权利和义务。

3. 修改权

修改权，即修改或者授权他人修改作品的权利。作者对其创作的作品的修改权在保护期内归作者专有。

4. 保护作品完整权

保护作品完整权，即保护作品不受歪曲、篡改的权利。著作权人的作品一经发表，著作权人即享有保护作品不受歪曲、篡改的权利。任何增删、改动、歪曲破坏作品完整性的行为，都被《著作权法》所禁止。

（二）财产权

著作权人的财产权是著作权人发表、转让或者许可他人使用其创作的作品而产生的，是能够带来经济利益的权利，与著作人身权的不可转让性不同，著作财产权是可以转让的。依《著作权法》的规定，著作权人依法享有下列财产权：

1. 复制权

复制权，即以印刷、复印、拓印、录音、录像、翻录、翻拍等方式将作品制作一份或者多份的权利，是著作权人享有的许可或禁止他人复制自己作品的专有权利。

2. 发行权

发行权，即以出售或者赠与方式向公众提供作品的原件或者复制件的权利。

3. 出租权

出租权，即有偿许可他人临时使用电影作品和以类似摄制电影的方法创作的作品、计算机软件的权利，计算机软件不是出租的主要标的物的除外。

4. 展览权

展览权，即公开陈列美术作品、摄影作品的原件或者复制件的权利。美术作品是指绘画、书法、雕塑等以线条、色彩或者其他方式构成的有审美意义的平面或者立体的造型艺术作品。摄影作品，是指借助器械在感光材料或者其他介质上记录客观物体形象的艺术作品。享有展览权的作品仅限于美术作品和摄影作品的原件或复制件，即绘画、书法、雕刻、雕塑、照片等作品的原件或复制件。

5. 表演权

表演权，即公开表演作品，以及用各种手段公开播送作品的表演的权利。表演权是著作权人自己或者授权他人表演其创作的文学、音乐、戏剧、舞蹈、曲艺等作品的权利，即著作权人通过表演方式使用其作品所享有的专有权，著作权人有权决定其作品是否表演、由谁表演和以何种方式表演。

6.放映权

放映权，即通过放映机、幻灯机等技术设备公开再现美术、摄影、电影和以类似摄制电影的方法创作的作品等的权利。其保护的范围限于美术、摄影、电影和以类似摄制电影的方法创作的作品。

7.广播权

广播权，即以无线方式公开广播或者传播作品，以有线传播或者转播的方式向公众传播广播的作品，以及通过扩音器或者其他传送符号、声音、图像的类似工具向公众传播广播的作品的权利。

8.信息网络传播权

信息网络传播权，即以有线或者无线方式向公众提供作品，使公众可以在其个人选定的时间和地点获得作品的权利。其与广播权的区别在于：信息网络传播权调整的传播行为是交互性的，而广播权涉及的广播行为是单向的。

9.摄制权

摄制权，即以摄制电影或者以类似摄制电影的方法将作品固定在载体上的权利。

10.改编权

改编权，即改变作品，创作出具有独创性的新作品的权利。

11. 翻译权

翻译权，即将作品从一种语言文字转换成另一种语言文字的权利。

12. 汇编权

汇编权，即将作品或者作品的片段通过选择或者编排，汇集成新作品的权利。

13. 应当由著作权人依法享有的其他权利

此处的其他权利一般还有注释权和整理权，注释权是著作权人自己或者授权他人注释自己作品的权利，整理权是著作权人整理自己作品或者授权他人整理自己作品的权利。

著作权人可以许可他人行使上述财产权，并依照约定或者《著作权法》的有关规定获得报酬。

著作权人可以全部或者部分转让上述的财产权，并依照约定或者《著作权法》的有关规定获得报酬。

二、发表权详解

发表权是著作权人完成创作后，决定是否将自己创作的作品公之于众，什么时候、在什么地方将作品公之于众的权利。

著作权人的发表权，包括决定发表和决定不发表两项内容，著作权人决定自己创作的作品不发表，仍然有权将自己的作品许可他人全部或部分使用，并获取报酬。发表权只能行使一次，作品一旦发表即成为已发表作品，以后其再将该作品出版、刊登则不属于作品的发表，而是作品的使用。

作者生前未发表的作品，如果作者未明确表示不发表，作者死亡后50年内，其发表权可由继承人或者受遗赠人行使；没有继承人又无人受遗赠的，由作品原件的所有人行使。如果作者生前不愿意发表其作品，但由于形势发生根本变化，如果可以推定作者愿意发表，其继承人即可发表该作品。著作权保护期届满后任何人都可将其发表，但不得侵犯作者的署名权、修改权及保护作品完整权。

有些作品的发表还涉及其他人的人格利益和民事权益，此时发表权的行使应以尊重他人权利为前提，即发表作品前需要征得第三人的许可。有些作品的内容还涉及第三人的利益，如载有他人的隐私，作品发表时还应征得他人的同意，否则会侵犯他人的隐私权。

三、署名权详解

署名权是作者人身权的核心内容，著作权人有要求他人承认其创作人资格、决定作品是否署名以及如何署名的权利。署名权是确认作品作者的具体身份的重要的法律依据，它除了向公众表明该作品的著作权归何人所有外，也向公众承诺该创作引起的民事责任的承担人。

著作权人在自己创作的作品上的署名可以是真名，也可以是笔名、艺名，还可以是假名、化名，甚至可以放弃署名，同时著作权人还有禁止任何未参与创作的人员署名的权利。

作者创作的作品署名发表后，改编、翻译、注释、整理已有作品而产生的新作品的著作权归改编、翻译、注释、整理人所有，但在行使著作权时不得侵犯原作品的著作权。

四、修改权详解

《著作权法》规定著作权人对自己创作的作品享有修改权，修改权不仅体现在对创作作品的立意、观念和文字上的修改，还体现在对已发表的作品的收回和保护作品完整权等方面。修改权是作者本人或授权他人修改自己作品的权利，作者许可图书出版者修改、删节作品或者许可报社、期刊社修改作品的内容，就是行使其修改权的行为。修改作品和改编作品不同，改编作品是在不改变作品基本内容的前提下将一部作品由一种类型改为另一种类型或者在保持原作品类型不变的前提下改变作品的体裁，修改一般不视为创作行为，改编则是一种再创作行为。

作品诞生后，他人阻碍作者修改自己的作品和不经作者同意擅自对作品进行修改，都是侵犯作者修改权的行为。和署名权一样，修改权的行使也因作品种类不同而异。就合作作品而言，修改权属于全体合作者，任何单独作者无权在未经共同授权的情况下行使整个作品的修改权。在实际中，修改权是通过互相协商一致后行使的，如推举其中一位合作者修改，或者共同授权合作者之外的第三人行使修改权。合作作品可以分割使用的，作者对各自创作部分可以单独行使著作权，从而也可以行使相应部分的修改权，当然在行使该部分修改权时，不得侵犯合作作品整体的著作权。

经著作权人同意或者委托，著作权人以外的其他人也可对作品进行修改，但必须按著作权人的要求进行。不经著作权人的同意，报社、杂志社可以对作品进行如下的修改和删节：（1）对其错别字、明显的疏漏做文字性修改和补充；（2）因篇幅的限制可作内容上的删减；（3）对该创作作品的引文进行校正修改。编辑在对作品做上述修改时，不能改变原作品，也不得涉及对作品内容的修改。如果著作权人不接受编辑的修改，编辑应尊重其意见。

修改权肇始于作品创作完成之时，如著作权人未委托他人修改自己的作品，修改权随著作权人的死亡而消灭。

五、复制权详解

复制权是指著作权人通过一定的方式使作品以某种有形形式再现出来的权利。所谓复制，包括印刷、复印、拓印等多种方式。出版是常见的复制形式。出版是指出版单位以印刷、录制等方法将文字、讲话、图画、乐谱、照片、地图等作品予以复制及发行。出版单位包括图书出版社、报社、杂志社、音像出版社。非出版单位复制发行作品不称为出版。

并非任何再现作品的行为都是复制行为，像表演、播放、改编、翻译等也是再现作品的行为，但并非复制。《著作权法》意义上的复制，限于以特定的方法和方式再现作品，一般是指在一定载体上再现作品，而且这种再现往往具有持久的稳定性。

六、演绎权详解

演绎权是著作权人许可或禁止他人以自己的作品为基础进行再创作的权利。著作权中的演绎方式，主要指改编、翻译、汇编和摄制等。作品经演绎后，如果符合最低限度的独创性要求，可以产生演绎作品，又称派生作品。著作权中的演绎权包括改编权、翻译权、摄制权、汇编权等。

（一）改编权

改编权是著作权人享有的许可或禁止他人以改编形式使用自己作品的专有权利。改编权是原作著作权人首要的演绎权。所谓改编，意指在原有作品基础上，通过改变表现形式或用途，创作出具有独创性的新作品。改编有两种形式，一是将作品由一种类型改变为另一种类型，如将小说改编成电影；二是不改变作品的类型而将其改变为适合某种特定需要的作品，如原作品缩写或扩写等。他人未经许可改编著作权人的作品并加以后续利用，如发表、发行该改编作品，会侵害原作品的著作权。

著作权人有权决定自己的作品是否改编、由谁改编及怎样改编。在他人改编著作权人的作品时，应征得著作权人的同意，否则改编后的作品构成侵权作品。即使是改编的作品，对该作品进行商业性利用，也仍受到原作改编权的制约。根据我国《著作权法》的规定，改编作品著作权人行使著作权时不得侵害原作的著作权。

（二）翻译权

翻译权是著作权人享有的许可或者禁止他人翻译其作品的专有权利。翻译是用另外一种语言表述原作品，需要付出创造性劳动，因此，翻译实质上是用另外一种语言文字进行的再创作。在实践中，还存在将翻译作品再进行翻译的情形，此时译者除需要征得翻译作品著作权人授权外，还需要获得原作著作权人的授权。从理论上讲，人类有多少种语言文字，就有多少种翻译权，因而著作权人转移一种语言文字的翻译权不等于转移了其他语言文字的翻译权。由于在一般情况下取得翻译权的目的是出版，《伯尔尼公约》和《世界版权公约》都认为翻译权包含出版权。

（三）摄制权

摄制权又称制片权，指著作权人享有将其作品摄制成电影、电视、录像、影碟等影视作品的权利。著作权人可以自行摄制作品，也可以授权许可他人将作品摄制成电影、电视剧等影视作品。实践中，大部分文学艺术作品被摄制成电影等作品时，都需要对原作进行一定的改编，所以摄制权应列入演绎权中。我国《著作权法》将摄制权作为一种单独的权利，其内涵未包含改编权、复制权等，因此电影制片者在摄制电影作品时，需要同时获得改编权和摄制权等必要权利。

（四）汇编权

汇编权是著作权人授权或禁止他人汇编自己的作品的权利。汇编他人的作品时，应事先取得该作品著作权人的许可。对于报纸、杂志等定期出版物，著作权人投稿，则认为是向报刊社默示许可刊登其作品；对于非定期出版物，汇编者应通过合同取得著作权人的许可。汇编权专属于著作权人。未经许可汇编他人享有著作权的作品构成对著作权人汇编权的侵犯。

汇编权的行使结果是产生汇编作品，但汇编权不同于汇编作品的著作权。汇编作品著作权基于在汇编过程中对被汇编作品的选择或编排方面付诸的独创性劳动而产生，汇编作品著作权人对汇编作品享有著作权，但该著作权不能及于被汇编的作品。对于被汇编作品而言，其著作权不会因为被收入某汇编作品而丧失著作权。

七、著作权的产生

中国公民、法人或其他组织的作品，不论是否发表、是否登记，依《著作权法》的规定，自创作完成之日产生著作权。

著作权产生于"作品创作完成"之日，并不是说作品一定要已经全部完成，即使是部分完成，或已经形成构思并将这种构思部分表现出来，都能够自动获得著作权，如设计草图、展开部分情节的作品。

八、著作权的归属

（一）一般情况下的著作权归属

作品自创作完成产生著作权，作品是由作者创作完成的，因此著作权原始归属于作者。如无相反证明，在作品上著名的公民、法人或者其他组织为作者。

（二）职务作品的著作权归属

职务作品是公民为完成法人或其他组织的工作任务而创作的作品，其具有以下特征：

1.职务作品的创作者与法人或者其他组织之间存在劳动关系或者雇佣关系，包括正式工作人员，也包括借调人员和临时招聘人员。

2.职务作品的创作是为了完成单位的工作任务。

3.职务作品与法人或者其他组织的业务活动直接相关。

一般来说，作者享有职务作品的著作权，法人或者其他组织有权在其业务范围内优先使用。作品完成两年内，未经单位同意，作者不得许可第三人以与单位相同的使用方式使用该作品。当然，在职务作品完成两年之内，经单位同意，作者也可以许可第三人以与单位相同的使用方式使用该作品。虽然《著作权法》没有规定两年以内单位使用职务作品是否应支付报酬，但以职务作品的性质来说，这种使用一般是无偿的。

主要是利用法人或者其他组织的物质技术条件创作，并由法人或者其他组织承担责任的工程设计图、产品设计图、地图、计算机软件等职务作品，以及法律、行政法规规定或者合同约定著作权由法人或者其他组织享有的职务作品，作者享有署名权，著作权中的其他权利由单位享有。

（三）法人作品的著作权归属

法人作品是指由法人或其他组织主持，代表法人或其他组织意志创作，并由法人或者其他组织承担责任的作品。这种情况下，法人或者其他组织视为作者，法人作品的著作权属于法人或其他组织。

法人作品容易与职务作品产生混淆，其与职务作品的区别在于：职务作品中的单位意志体现在创作行为上，单位一般只起到检查督促作用，创作的内容还是个人思想的体现；法人作品中的单位意志不仅体现在创作行为上，而且体现在创作的内容，反映了法人或者其他组织的意志，单位起着组织主持创作的作用。

（四）演绎作品的著作权归属

演绎作品最重要的特点是基于已有作品进行再创作，离开已有作品，演绎作品无从产生。在演绎作品中，既包含演绎作者增加的独创性成分，也包含已有作品的独创性成分。因为改编、翻译、注释、整理等演绎方式对已有作品投入了创造性的劳动，在实质内容上有了明显的创新，所以演绎作品的著作权属于演绎人。

改编、翻译、注释和整理他人作品，如果原作品尚在著作权保护有效期内，则应取得原作者的许可并支付报酬，如果原作品已超出著作权保护期，演绎作品仍应表明原作者和作品来源。第三者使用演绎作品时，除需获得著作权人许可外，还应取得原作品著作权人的许可。

（五）合作作品的著作权归属

合作作品系两人以上合作创作的作品，著作权由合作作者共同享有。合作作品可以分割使用的，作者对各自创作的部分可以单独享有著作权，但行使著作权时不得侵犯合作作品整体的著作权。合作作品无法分割使用的，一般通过签订协议约定著作权行使方式，没有签订协议或者协议中没有约定的，由全体作者共同享有著作权。对于不可以分割使用的合作作品且各合作作者不能协商一致，又无正当理由的，任何一方不得阻止他方行使除转让权以外的其他权利，但是所得收益应当合理分配给所有合作作者。

关于合作作品的署名顺序，有约定的按照约定；没有约定的，可以按照创作作品付出劳动、作品排列、作品姓氏笔画等确定署名顺序。

（六）电影作品和以类似摄制电影的方法
创作的作品的著作权归属

电影作品和以类似摄制电影的方法创作的作品的著作权由制片者享有，但编剧、导演、摄影、作词、作曲等作者享有署名权并有权按照与制片者签订的合同获得报酬。剧本、音乐等可以单独使用的作品的作者有权单独行使其著作权。

（七）委托作品的著作权归属

委托作品中的委托人与受托人实际是一种劳务关系。受托人接受委托人的委托进行创作，并接受其指导和监督，创作体现了委托人的意愿和要求。委托作品比较少地反映受托人的思想和感情，更多地体现受托人的技巧和才能。对于委托作品著作权的归属，通常由委托人和受托人通过合同约定。合同未作明确约定或者没有订立合同的，基于保护作者、鼓励创作的立法目的，著作权归受托人，受托人在享有著作权的同时也受到如下的限制：

1.受托人应当按照约定将委托作品提供给委托人使用。委托人有权在约定的范围内使用。如果没有约定使用范围，委托人可以在委托创作的特定目的范围内免费使用。

2.受托人行使著作权应当遵循诚实信用原则，不得妨碍委托人的正当使用。

委托人和受托人合意以特定人物经历为题材完成的自传体作品，对著作权有约定的，依其约定；没有约定的，著作权归该特定人物享有。执笔人或整理人对作品完成付出劳动的，著作权人可以向其支付适当的报酬。

（八）作者身份不明的作品的著作权归属

作者身份不明的作品，由作品原件的所有人行使除署名权以外的著作权。作者身份确定后，由作者及其继承人行使著作权。

九、著作权只保护表达不保护思想

著作权只保护作品思想的表现形式，不保护作品思想本身。一般认为，任何作品都具有思想与表现形式的二重性，是内在和外在的统一。内在即指作品的思想内容，外在即指作品的具体表达，作品的外在表达可为人感知。同一思想内容可以用不同的表达方式来表现。例如，"对祖国的热爱"这一思想，既可以用散文的方式表达，也可以用歌曲的方式表达，还可以有其他表达方式。无论用散文、歌曲还是其他表达方式表现"对祖国的热爱"的作品，都会受到《著作权法》的保护，而"对祖国的热爱"这一思想本身并不受《著作权法》保护。

十、著作权的保护期

著作权的保护期是作品可以得到法律保护的时间期限，著作权保护期内，著作权人可以充分行使自己的权利，一旦保护期届满，作品就成为社会的公共财富，任何人都可以不经许可、不付报酬地使用。由于著作权中的人身权与财产权性质不同，因此它们的保护期也不一样。

作者的署名权、修改权、保护作品完整权的保护期不受限制。法律永久禁止非作者在作品上署名、删除作者署名、擅自对作品进行修改（包括对作品标题的修改，但文字性错误的校正除外）以及对作品进行有悖作者原意、有损作者声誉的歪曲和篡改的行为。

对于著作权原始归属于自然人的作品，作者的发表权和财产权的保护期为作者终身及其死亡后50年，截止于作者死亡后第50年的12月31日；如果是合作作品，截止于最后死亡的作者死亡后第50年的12月31日。在作者生前及其死亡后50年的保护期内，任何人不得违背著作权人的意愿发表作品；除法律有专门规定的以外，任何人使用作品，都必须得到著作权人的许可并向其支付报酬。否则，权利人有权依法要求侵权人承担相应的法律责任。

需要注意的是，法人作品、电影作品和以类似摄制电影的方法创作的作品、摄影作品的著作权保护期与其他作品略有不同，其发表权以及财产权保护期为50年，截止于作品首次发表后第50年的12月31日，但作品自创作完成后50年内未发表的，我国《著作权法》不再保护。

十一、著作权的继承

公民死亡后，其著作权中的署名权、修改权和保护作品完整权由作者的继承人或者受遗赠人保护，当他人对被继承人的作品有歪曲、篡改行为时，继承人有权制止。著作权无人继承又无人受遗赠的，其署名权、修改权和保护作品完整权由著作权行政管理部门保护。

公民死亡后，著作权中的财产权利在保护期内依照继承法的规定转移。合作作者之一死亡后，其对合作作品享有著作权中的财产权利无人继承又无人受遗赠的，由其他合作作者享有。

作者生前未发表的作品，如果作者未明确表示不发表，作者死亡后50年内，其发表权可由继承人或者受遗赠人行使，没有继承人又无人受遗赠的，其发表权由作品原件的所有人行使。

十二、著作权合理使用的适用情形

所谓"合理使用"是指法律规定的特殊情形下，使用他人作品，可以不经作品著作权人许可，不向其支付报酬，但应当指明作者姓名、作品名称。我国《著作权法》对作品的合理使用的主体、使用方式、适用范围均有严格限制，只有完全符合法律规定的构成条件，才能构成合理使用。

常见的合理使用的情形有：

（一）为个人学习、研究或者欣赏，使用他人已经发表的作品

如将电视台播放的节目录下来供自己欣赏为合理使用。为个人使用，不包括营利性使用，如出版、出租，也不包括在公共场所的使用。

（二）为介绍、评论某一作品或者说明某一问题，在作品中适当引用他人已经发表的作品

引用，是将他人作品加入到自己作品中，这样在发表、复制或者发行自己的作品时，不可避免要使用到他人的作品，如撰写论文时参考引用他人作品。

要满足合理使用的要求，引用必须适当。适当不仅指在引用的数量和比例上是适当的，所引用的部分不能构成引用者作品的主要部分或实质部分，如整段摘引他人作品，而自己的创作仅限于几句简单评论，这种引用就是不合理的，而且引用的目的应仅限于介

绍、评论某一作品或者说明某一问题，一旦引用过当，则有可能引发侵权纠纷。另外，引用一定要注明来源，包括被引用作品的作者姓名、被引用作品的名称。

（三）为报道时事新闻，在报纸、期刊、广播电台、电视台等媒体中不可避免地再现或者引用已经发表的作品

引用应符合新闻报道目的，若不是为报道时事新闻，而为制作广播电视节目而大量引用他人作品，就不是合理使用，而且引用应指明作者姓名、作品出处。这里要注意的是时事新闻，其他类型的新闻不能合理使用。

（四）报纸、期刊、广播电台、电视台等媒体刊登或者播放其他报纸、期刊、广播电台、电视台等媒体已经发表的关于政治、经济、宗教问题的时事性文章，但作者声明不许刊登、播放的除外

应当注意的是，引用的主体应该是报纸、期刊、广播电台、电视台等媒体，被引用作品的性质是"关于政治、经济、宗教问题的时事性文章"，对某一事件所撰写的杂文、评论及其他议论性的文章不在此列。引用还应当尊重作者的意愿，作者声明不许使用的，仍不能合理使用。

（五）报纸、期刊、广播电台、电视台等媒体刊登或者播放在公众集会上发表的讲话，但作者声明不许刊登、播放的除外

在公众集会上发表的讲话是指在公众场所举行的、公众可以自由参加的集会上所作的演讲、报告、致辞等，这些讲话都具有一定的目的性，并有公开宣传的性质，所以一般不加以限制。但对此类在公众集会上发表的讲话刊登或者播放的主体也应该是报纸、期刊、广播电台、电视台等媒体。

（六）为学校课堂教学或者科学研究，翻译或者少量复制已经发表的作品，供教学或者科研人员使用，但不得出版发行

这里要注意的是"供教学或者科研人员使用"和"不得出版发行"，也就是指教学或科研人员内部的翻译或少量复制行为。

（七）国家机关为执行公务在合理范围内使用已经发表的作品

如教育部考试中心组织命制的高考试卷中选用甲作者作品作为阅读理解试题即为合理使用，但是如果乙出版社又将该高考试题汇编出版发行，其行为则不属于合理使用，应当按照法律规定在征得甲作者许可之后再出版发行，并向甲作者支付报酬。

（八）图书馆、档案馆、纪念馆、博物馆、美术馆等为陈列或者保存版本的需要，复制本馆收藏的作品

复制行为只能出于陈列或保存版本的需要，不能用于营利事业或其他目的，且不能复制其他馆的馆藏作品。该项限制中的图书馆仅指传统图书馆，不包括数字图书馆。

（九）免费表演已经发表的作品，该表演未向公众收取费用，也未向表演者支付报酬

比如"爱的奉献"2008抗震救灾大型募捐晚会就属于免费表演。这里所说的免费表演是指非营利性的表演，既向观众免费（即不收费），也向表演者免费（即不付酬）。只有两种免费同时具备，且表演的作品已经发表，才属于合理使用。

（十）对设置或者陈列在室外公共场所的艺术作品进行临摹、绘画、摄影、录像

这种使用仅限于设置或者陈列在室外公共场所的艺术作品，不包括室内艺术作品，也不包括私人庭院的艺术作品。使用作品的方

式仅限于临摹、绘画、摄影、录像。

（十一）将中国公民、法人或者其他组织已经发表的以汉语言文字创作的作品翻译成少数民族语言文字作品在国内出版发行

这种使用不包括外国人以汉语创作的作品，不包括少数民族作者以汉语外的各种语言创作的作品，也不包括原作品为少数民族文字的作品。将翻译成汉语的外国语言文字作品再翻译为少数民族作品，须取得外国语言文字作品原著作权人的同意，并支付报酬。

（十二）将已经发表的作品改成盲文出版

出版社将他人已经出版的作品改成盲文出版，不受到原出版社按照合同享有的专有出版权的限制。

十三、著作权法定许可使用的几种情形

法定许可使用是指法律明文规定，可以不经著作权人许可，以特定的方式有偿使用他人已经发表的作品的行为，并且这种使用应当尊重著作权人的其他各项人身权利和财产权利。

（一）编写出版教科书

为实施九年制义务教育和国家教育规划而编写出版教科书，除作者事先声明不许使用的外，可以不经著作权人许可，在教科书中汇编已经发表的作品片段或者短小的文字作品、音乐作品或者单幅的美术作品、摄影作品，但应当按照规定支付报酬，指明作者姓名、作品名称，并且不得侵犯著作权人依照《著作权法》享有的其他权利。

教科书是一个严格的概念，是指为实施义务教育、高中阶段教育、职业教育、高等教育、民族教育、特殊教育，保证基本的教学标准，或者为达到国家对某一领域、某一方面教育教学的要求，根据国务院教育行政部门或者省级人民政府教育行政部门制定的课程方案、专业教学指导方案而编写出版的教科书，不包括教学参考书和教学辅导材料。

（二）转载或摘编报刊作品

著作权人向报社、杂志社投稿的作品刊登后，除著作权人声明不得转载、摘编的外，其他报刊可以转载或者作为文摘、资料刊登，但应当按照规定向著作权人支付报酬。

根据2014年颁布的《使用文字作品支付报酬方法》第十三条第一款的规定，报刊依照《著作权法》的相关规定转载、摘编其他报刊已发表的作品，应当自报刊出版之日起2个月内，按每千字100元的付酬标准向著作权人支付报酬，不足五百字的按千字作半计算，超过五百字不足千字的按千字计算。本项规定仅适用于报刊之间的相互转载，除此之外的其他情形并不适用，如书籍对报刊的转载、摘编，也不适用于除报刊外的其他传播媒介对报刊的转载、摘编，如网络媒体。

（三）制作录音制品

录音制作者使用他人已经合法录制为录音制品的音乐作品制作录音制品，可以不经著作权人许可，但应当按照规定支付报酬，著作权人声明不许使用的不得使用。

只有音乐作品表演已经合法录制为录音制品后,其他录音制作者才享受此项法定许可。录像制品、影视作品均不符合此项许可适用条件。

(四)广播电台、电视台播放已发表的作品和已经出版的录音制品

广播电台、电视台播放他人已发表的作品,可以不经著作权人许可,但应当支付报酬。

广播电台、电视台播放已经出版的录音节目,可以不经著作权人许可,但应当支付报酬。当事人另有约定的除外。

除上述两种情形外,广播电台、电视台播放电影作品和以类似摄制电影的方法创作的作品、录像制品,应当取得制片者或者录像制作者许可,并支付报酬;播放他人的录像制品,还应当取得著作权人的许可,并支付报酬。

(五)实施九年制义务教育或国家教育规划的远程教育

为通过信息网络实施九年制义务教育或者国家教育规划,可以不经著作权人许可,使用其已经发表作品的片断或者短小的文字作品、音乐作品或者单幅的美术作品、摄影作品制作课件,由制作课件或者依法取得课件的远程教育机构通过信息网络向注册学生提供,但应当向著作权人支付报酬。

同编写出版教科书的法定许可类似,本项法定许可也是为了促进教育,但不允许著作权人通过声明不许使用的方式予以排除。

（六）扶助农村贫困地区

为扶助贫困地区，通过信息网络向农村地区的公众免费提供中国公民、法人或者其他组织已经发表的种植养殖、防病治病、防灾减灾等与扶助贫困有关的作品和适应基本文化需求的作品，网络服务提供者应当在提供前公告拟提供的作品及其作者、拟支付报酬的标准。自公告之日起30日内，著作权人不同意提供的，网络服务提供者不得提供其作品；自公告之日起满30日，著作权人没有异议的，网络服务提供者可以提供其作品，并按照公告的标准向著作权人支付报酬。网络服务提供者提供著作权人的作品后，著作权人不同意提供的，网络服务提供者应当立即删除著作权人的作品，并按照公告的标准向著作权人支付提供作品期间的报酬。依照该规定提供作品的，不得直接或者间接获得经济利益。

十四、如何认定剽窃、抄袭行为？

在认定剽窃、抄袭上需要注意两个问题：一是有的作者在自己的作品中引用了他人已经发表的作品，是否算抄袭？依照《著作权法》第二十二条第一款第（二）项的规定，"为介绍、评论某一作品或者说明某一问题，在作品中适当引用他人已发表的作品"，这属于法定的合理使用，不能算抄袭。这里的关键是对他人已经发表的作品只能适当引用，如果自己的作品基本或大部分是从他人的作品中拿来的，就算抄袭。二是有些作品雷同，能否说后者是抄袭前者的？这涉及到《著作权法》的独创性的问题。在《著作权法》

中，只要作品是作者自己创作的，就具有独创性，且不排斥他人再创作相同的作品。因此，对雷同作品要具体分析，雷同不一定是抄袭。至于有些人将别人的作品稍加改头换面，当作自己的作品发表，这种雷同一般会构成抄袭。

我国司法实践中，认定剽窃、抄袭的具体标准有四点：

1.看作品发表时间的前与后，只有在后作品抄袭在先作品的可能。

2.看作品是否有独创性。

3.看剽窃、抄袭的客观条件是否具备，即有无接触别人的作品的可能。这里不要求证明存在实际接触，存在可能性即可，比如在先作品已经公开发表，即可以推定在后者有接触在先作品的可能。

4.看作品主要特征（如：人物、主要情节、主题思想、细节等）是否实质性相同或者相似。

根据我国的法律规定，认定作品是否构成剽窃、抄袭，应由人民法院经审理认定并作出相关判决。对于某些情节复杂的涉嫌剽窃、抄袭的案件，可由人民法院在审理过程中委托有关的鉴定机构（比如中国版权保护中心版权鉴定委员会）进行司法鉴定。

十五、现行稿酬制度介绍

作品的稿酬，可以由作品的著作权人与作品的使用者双方约定，通常有三种方式。

第一种是一次性付酬。指出版者按作品的质量、篇幅、经济价值等情况计算出报酬，并一次性向作者付清。一般报纸、期刊适用这种方式。

第二种是基本稿酬加印数稿酬。基本稿酬的计算，是用基本稿酬标准乘以作品字数。根据2014年11月1日实施的《使用文字作品支付报酬办法》，原创作品的基本稿酬标准为每千字80-300元，改编作品每千字20-100元，汇编作品每千字10-20元，翻译作品每千字50-200元。印数稿酬是按照基本稿酬的百分比计算，一般书籍印数稿酬为基本稿酬的1%。图书出版合同的双方当事人可以按照国家版权局规定的稿酬标准确定的稿酬，也可以另行约定稿酬标准。

第三种是版税制。版税的计算方法是：图书定价×印数×版税率。版税率由双方当事人约定，原创作品一般为3%-10%，演绎作品一般为1%-7%。图书出版合同的双方当事人可以按照国家版权局规定的版税标准确定版税率，也可以另行约定版税率。

十六、怎样进行版权登记

著作权自作品创作完成之日起产生，著作权保护的核心是作品权属的认定，建议作者在创作完成后、作品公开发布前就为作品的创作时间、作品内容等保留证明力较强的证据，以便在产生著作权纠纷时能有效地证明版权归属。

根据《作品自愿登记试行办法》的相关规定，作者可以到中国版权保护中心网站或所属地区的版权登记中心按照流程进行登记，获得作品版权登记证书，作为作品归属的证明材料。作品登记费用一般在100元至几千元不等，自登记后一个月左右即可获得版权登记证书，作者可以自己办理也可以委托版权代理机构申请版权登记。

十七、作品版权登记的几大作用

实践中，作品版权登记的作用主要体现在以下三个方面：

一、明确著作权归属。《著作权法》规定的著作权归属情况比较复杂。不同情况下创作的作品，如个人作品、合作作品、职务作品、委托作品等，著作权归属也不一样。著作权人并不限于作者本人，其他人只要符合法律规定的条件也可以取得著作权。根据《著作权法》的规定，在很多情况下可以通过合同约定著作权归属。如果没有明确著作权归属，日后可能引发纠纷。

二、在著作权的侵权纠纷中，作为享有著作权的初步证据。虽然著作权人可以在被侵权时提供证明自己创作或其他关系的证据，如手稿和相关协议等，以证明自己是著作权人。但对于某些作品，如未发表作品或不为人们熟知的作品，著作权人在证明自己的权利时多有不便，提供证据也较为困难。如果著作权人进行了登记，在法院审理著作权纠纷案件和行政部门对著作权侵权行为进行处罚时可以作为享有著作权的初步证据。相对方如果予以否认，一般需要提供相反的证据方可推翻。

三、在作品的使用过程中，作为享有著作权的证明。多数著作权人往往许可他人使用作品来获得收益。由登记机关开具的著作权登记证明能够有效地帮助著作权人向被许可人证明自己就是著作权的真正享有者，从而使被许可人消除顾虑，促成作品的顺利使用。著作权登记的这一作用在网络传播作品权利证明方面更具客观、便捷和有效性。

十八、著作权人投稿时应注意的问题

著作权人向报社、期刊社投稿，自稿件发出之日起15日内未收到报社通知决定刊登的，或者自稿件发出之日起30日内未收到期刊社通知决定刊登的，可以将同一作品向其他报社、期刊社投稿，双方另有约定的除外。作品刊登后，除著作权人声明不得转载、摘编的以外，其他报刊可以转载或者作为文摘资料刊登，但应当按照规定向著作权人支付报酬。

禁止一稿多投，是指著作权人自稿件发出后，在规定的时间内不得将同一稿件再投往其他报社、期刊社；著作权人可督促报社、期刊社及时认真审阅处理稿件，而报社、期刊社必须尽到通知的义务，因报社、期刊社的原因导致著作权人一稿多投，报社、期刊社应负民事责任。著作权人向图书出版社投稿的，不受禁止一稿多投规定的限制。

十九、签订出版合同时应注意的问题

（一）使用权限

很多作者与出版方签约时，会在合同中将各项权利全都转让给对方，包括作品的纸质出版、数字传播、影视、动漫、游戏改编等权利，这种约定对作者较为不利。建议作者与出版方签署出版合同时，对许可的权利类型做出限定。如果在合同中没有明确约定，出版方获得的一般是纸质出版物的出版权；如果出版方要获得信息网络传播权、改编权、汇编权、翻译权等权利，必须在合同中予以明确约定并支付报酬。作者在签约时要尽量避免把过去的、现在的及将来的所有作品一揽子全部许可或者转让给出版方。如果作者与出版方只签订了关于纸质作品的出版合同，而没有对作品的其他权利做出约定，那么作者仍然可以将作品的其他权利许可给其他使用者。

（二）专有出版权

一般情况下，作者与出版方签订图书出版合同时，将作品的专有使用权许可给出版方，即许可其作品由该出版方独家出版。出版方按照合同约定享有的权利称之为专有出版权，专有出版权受法律保护，他人不得再出版该作品。如果作者签订了专有出版合同，在合同有效期内又将作品授权给第三方出版，作者以及第三方对出版方构成侵权，同时作者本人亦构成违约。

特殊情况下，一些作者将作品的非专有出版权许可给出版方，比如将同一部作品出版简装本、精装本的权利授予不同的出版社，或者将多部作品以文集、选集、合集或系列等不同出版形式授予不同的出版社。此类情况通常发生在知名作者身上。这样将作品的非专有出版权授予多个出版方既不违法，也不违规，只要在合同中约定清楚即可。但建议作者尽量不要将作品同时签给太多的出版社。因为同一作品不同版本在市场中形成的竞争关系，会形成"撞车"，影响图书销量进而影响作品收入。

（三）许可期限

建议图书出版合同的专有使用年限以5年为上限，合同到期后作者可根据合作情况选择续签或变更出版方。

（四）使用地域范围及文字

作者应注意作品的地域使用范围，是仅限大陆地区，还是包括港澳台地区，或是全球范围，并应注明使用简体文字还是繁体文字出版。

（五）出版选集、文集、合集

出版作品的选集、文集、合集等，需在合同中明确约定，建议作者在合同中明确"在合同有效期内，出版方出版包含上述作品的选集、文集、合集或者许可第三方出版包含上述作品的选集、文集、合集的，须另行取得著作权人书面授权"。

（六）出版方

作者应慎重选择出版方，尽量不与个人或书商签订出版合同。如果作者选择中介机构代理出版，应尽量选择规模大、有资质、信誉好的中介机构。签订图书出版代理合同最好明确约定具体的出版社名称，如果签订合同时未能确定出版社，也要在合同中约定出版单位必须具备的资质，比如必须为国家正规出版社，出版的图书要具备 ISBN 标准书号和图书在版编目（CIP）数据，同时约定出版单位如使用假书号出版所要承担的赔偿责任。在签订出版合同时，作者还应配合以著作权登记、保存作品发表的证据等措施，保护书稿的内容不被剽窃，并在合同中注明"出版方已认可著作权人提供的本合同约定出版的作品符合图书出版水平要求，出版方今后不得以书稿未达到出版水平为由拒绝履行代理出版的义务"。

（七）违约责任

出版合同中一定要有违约责任条款，无论是图书出版合同还是图书代理出版合同，都应在合同中约定出版单位不能按时出版作品或取消出版作品或者不能按时支付稿酬等违约情况时应当承担的违约责任及赔偿条款。

（八）作者笔名的保护

很多作者的作品是用笔名发表的，有的作者的笔名已经广为人知，因此笔名也已经成为作者权利的一个重要组成部分。笔名可以作为权利的一部分进行转让，有时仅仅是笔名就可以带来收益，因此笔名的保护也是作者需要注意的。为了维护自己的利益，建议作者不要随意更换笔名，在签订合同时把本名和笔名都要标示清楚，在进行著作权登记时也一定要清楚标明笔名。

二十、与文学网站签约时应注意的问题

（一）选择正规的文学网站签约

建议作者尽量选择与具有相应资质、信誉好、正规的文学网站

签约。正规的文学网站有公开透明的作者收益分成模式，作者能够查询作品的点击量、付费阅读量以及收益，与正规的文学网站签约有助于保障作者的收益，减少风险。作者在签约时最好在合同中明确约定，作者有权查阅签约作品的使用情况，使用方在每次结算时应提供销售数据结算报告等。

（二）选择适合的合作方式

目前很多文学网站提供了多种签约方式，有的只签特定作品的数字版权，有的要求作者把影视改编、衍生动漫、纸质书出版等权利等授权给网站，有的约定一段时间内创作作品的权益全部归网站。作者签约时要根据自身情况选择适合的签约方式，尽量一部作品签一个合同，可以仅将数字版权授权给网站，这样可以分别从纸质书、电子书、影视动漫改编上获得收益，同时，作者尽量不要把几年内的作品全都签给一家网站。

（三）报酬计算方式要清楚

很多网站是收益分成制，作品上架后有收益作者才能得到稿酬，很多作者会面临签约后长期没有收益的情况，有的网站则给部分作者提供"全勤工资"，只要按时更新一定字数，就会得到保底的收入。作者在签订合同时，对于电子出版、纸质出版、影视动漫改编等衍生品的报酬计算方式要有明确的约定。

（四）保护好自己的作品避免被盗稿

当前有些不法网站获取到作者的作品或大纲之后，采用种种方式不予上架或不予推荐，将作品改头换面剽窃成为另一部作品发表。作品是作者的心血，一旦被剽窃，不仅损失了经济收入，在精神上也是对作者的重大打击，发起维权也面临较大的困难。建议作者一方面留存创作的电子证据，另一方面进行版权登记，防患于未然。

二十一、遇到对自己不利的格式合同怎么办？

格式合同是指合同条款由一方当事人预先拟定，对方当事人只能全部接受或一概拒绝，不能就个别条款进行商洽的合同。格式条款是指一方当事人为了重复使用而预先拟定，并在制订时未与对方协商的一种条款。不管是格式合同，还是格式条款，在拟定的过程中，都缺少另一方当事人的参与，所以它缺少订立合同的基本要素——平等、协商、公平、自愿。这种条款突出的问题是，只体现单方意志，约定显失公平，因此成为束缚、阻止对方当事人依法维权的障碍之一。

根据《合同法》的有关规定，对格式条款从三个方面予以限制：第一，提供格式条款一方有提示、说明的义务，应当提请对方注意免除或者限制其责任的条款，并按照对方的要求予以说明；第二，免除提供格式条款一方当事人主要义务、排除对方当事人主要权利、加重对方责任的格式条款无效；第三，对格式条款的理解发生争议的，应当按照通常理解予以解释。对格式条款有两种以上解释的，应当作出不利于提供格式条款一方的解释。

在现实情况中，大多数出版方和网站与作者相比处于强势地位，往往不允许作者修改格式合同，建议有一定话语权的作者遇到格式合同时，发现有对自己不利的条款，可以在签订合同之前与对方协商，在该合同的最后增加新的条款对前面的个别条款进行修改，或另行签订一个补充协议，以维护自己的合法权益。

二十二、出版社违约，作者如何解除合同？

出版社违约，作者可以与之协商一致，解除合同。如果具备以下法定解除合同的条件，作者可以不经过出版社的同意，只需要向对方做出解除合同的意思表示，就可以解除合同，一般以发送书面解约通知为宜：

1.作者与出版社约定的解除合同的条件成就；

2.因不可抗力不能实现合同目的的；

3.在履行期限届满之前，出版社明确表示或者以其行为表明不履行主要义务的；

4.出版社迟延履行主要债务，经催告后在合理期限内仍未履行的；

5.出版社迟延履行债务或者有其他违约行为致使不能实现合同目的的；

6.法律规定的其他解除情形。

不具备上述条件，作者一般不能径行解除合同。

作者行使解除合同的权利，必然引起合同的权利义务的终止。作者根据约定解除权或法定解除权主张解除合同的，应当通知出版社。通知可以是口头的，也可以是书面的，合同自通知到达出版社时解除。所谓通知到达，因通知形式的不同而有所不同。口头通知的，口头告知时即为到达；书面通知的，通知送达出版社或其指定的人签收即为到达。出版社接到解除合同的通知后，认为不符合约定的或者法律规定的解除合同的条件，不同意解除合同的，可以按照合同约定请求人民法院或者仲裁机构确认能否解除合同。

作者因出版社违约而解除合同，可以要求对方赔偿损失，但是自己应当注意收集相关的证据，以便在日后可能发生的诉讼中使用。

二十三、未签约或未约定报酬使用作品的处理

国家版权局、国家发展与改革委员会2014年颁布的《使用文字作品支付报酬办法》中第九条规定，使用者未与著作权人签订书面合同，或者签订了书面合同但未约定付酬方式和标准，与著作权人发生争议的，应当按该办法第四条、第五条规定的付酬标准的上限分别计算报酬，以较高者向著作权人支付，并不得以出版物抵作报酬。例如：出版图书原创作品的基本稿酬标准为80-300元/千字。即按上限300元/千字付酬。

但在司法诉讼中，法院一般还会结合侵权人的过错程度、侵权行为的范围、作品的知名度等因素综合判断报酬标准。

二十四、"避风港"原则

为维护信息网络互联互通的社会经济价值，《信息网络传播权保护条例》第二十、二十一、二十二、二十三条的规定为网络服务

提供者设置了免责条件，即"避风港"，但网络服务提供者不能无条件进入"避风港"。权利人认为网络服务提供者侵权并向网络服务提供者发出有效通知后，网络服务提供者应当立即删除涉嫌侵权的作品、表演、录音录像制品，或者断开与涉嫌侵权的作品、表演、录音录像制品的链接，否则不能援引"避风港"原则。权利人通知的范本可在国家版权局官网法律文书下载栏目中下载，本书附有国家版权局制作的《要求删除或断开链接侵权网络内容的通知（示范格式）》和《要求恢复被删除或断开链接的网络内容的说明（示范格式）》（http://www.ncac.gov.cn/chinacopyright/channels/574.html），可以参考。此外很多网络服务提供者也开通了举报侵权作品的平台，一般设在举报、投诉、帮助等栏目中。

对于侵权网站运营主体的判断，一般以网站"关于我们"栏目的介绍和网站下方的版权©标识指向的主体为依据；如果通过上述内容无法判断网站运营主体，可以通过工信部查询相关网站的ICP备案主体，该主体可以推定为侵权网站运营主体。

二十五、"红旗"原则

"红旗"原则是"避风港"原则的例外适用，是指如果侵犯信息网络传播权的事实是显而易见的，就像是红旗一样飘扬，网络服务商就不能装作看不见，或以不知道侵权的理由来推脱责任，如果在这样的情况下，不断开链接的话，就算权利人没有发出过通知，也应该认定这个设链者知道第三方是侵权的。

红旗原则主要用于判断网络服务提供者是否具有过错。《信息网络传播权保护条例》的第二十三条规定：网络服务提供者为服务对象提供搜索或者链接服务，在接到权利人的通知书后，根据本条例规定断开与侵权的作品、表演、录音录像制品的链接的，不承担赔偿责任；但是，明知或者应知所链接的作品、表演、录音录像制品侵权的，应当承担共同侵权责任。

二十六、著作权受到侵害时怎么办？

根据我国民法及《著作权法》的相关规定，在著作权受到侵害时，权利人可以采取以下几种途径解决：

（一）协商

当事人协商和解，可以迅速有效地实现和维护自己的权益。如果协商不成或者不愿协商，当事人可以直接向法院起诉。

（二）调解

各方当事人可以在第三人的协助下自愿协商解决纠纷。调解人的范围十分广泛，双方可以选择著作权行政机关、人民调解委员会、律师等双方信任的机关或个人来主持调解。调解不是解决著作权纠纷的必经途径，当事人不愿意，达不成调解协议或调解后反悔的，都可以直接向人民法院起诉。根据《人民调解法》第33条第1、2款的规定，经人民调解委员会调解达成调解协议后，双方当事人认为有必要的，可以自调解协议生效之日起30日内共同向人民法院申请司法确认，人民法院应当及时对调解协议进行审查，依法确认调解协议的效力。人民法院依法确认调解协议有效，一方当事人拒绝履行或者未全部履行的，对方当事人可以向人民法院申请强制执行。

（三）申请行政机关处理或者向公安机关举报

作者在其权利受到侵犯时，可以向著作权行政管理机关（即国家版权局或地方版权局）申请保护，我国的著作权行政管理机关依其申请或者依职权给予侵权人相应的行政处罚。对那些严重侵犯著作权并已经构成犯罪的行为，可以向有关部门报案或者控告，由有关机关提起公诉，作者有权提起附带民事诉讼。

（四）仲裁

当事人可以根据达成的书面仲裁协议或者著作权合同中的仲裁条款，向仲裁机构申请仲裁。当事人没有书面仲裁协议，也没有在著作权合同中订立仲裁条款的，也可以直接向人民法院起诉。当事人之间有效的仲裁协议能够排除法院管辖，而且仲裁庭作出的仲裁裁决为终局裁决，裁决作出后，当事人就同一著作权纠纷再申请仲裁或向人民法院起诉，仲裁委员会或人民法院不会受理。仲裁裁决具有法律效力，当事人应当履行。当事人一方不履行仲裁裁定的，另一方可以申请人民法院强制执行。如果人民法院认为仲裁裁决有法定不应执行的情形的，当事人双方可以重新达成仲裁协议并依据该仲裁协议申请仲裁，也可以直接向人民法院提起诉讼。

（五）诉讼

发生著作权纠纷后，当事人可以直接向人民法院起诉，诉讼是解决著作权纠纷的终极途径。

二十七、诉讼、仲裁和调解的效果和区别

诉讼是协商无法解决争端的最后手段，用法律手段保护自己的合法权利，提起诉讼前要做好准备，预估诉讼成本和诉讼风险。

仲裁程序相对简单，结案比较快，气氛比较宽松，仲裁裁决和法院的判决一样具有强制执行力，但各方当事人必须达成有效的仲裁协议才能申请仲裁。尤其要注意的是，签订合同时不能同时约定诉讼和仲裁。

调解是双方当事人自愿解决纠纷的手段，只有双方当事人都自愿调解并且达成合意才可能达成有效的调解协议，相对于诉讼和仲裁，调解成本较低，但是调解协议本身没有强制执行力。如果各方达成的调解协议得到了司法确认，也具有强制执行力，可以申请强制执行。

二十八、著作权案件的管辖

根据《最高人民法院关于审理著作权民事纠纷案件适用法律若干问题的解释》第四、五条，著作权民事纠纷案件，由中级以上人民法院管辖。各高级人民法院根据本辖区的实际情况，可以确定若

干基层人民法院管辖第一审著作权民事纠纷案件。

著作权合同纠纷案件一般由被告住所地人民法院管辖，被告住所地与经常居住地不一致的，由经常居住地人民法院管辖。合同的双方当事人可以在书面合同中协议选择被告住所地、合同履行地、合同签订地、原告住所地、标的物所在地人民法院管辖。

著作权侵权案件一般由侵权行为发生地或被告住所地人民法院管辖，例如，认为出版社侵权使用自己作品，可在出版社主要办事机构所在地人民法院起诉，也可在发现涉嫌侵权图书的销售地人民法院起诉。对于网络著作权侵权案件，除可在被告住所地人民法院起诉，还可在实施侵权行为的网络服务器、计算机终端等设备所在地法院起诉，对难以确定侵权行为地和被告住所地的，原告发现侵权内容的计算机终端等设备所在地可以视为侵权行为地。

二十九、诉讼时效的计算

著作权受侵害时，向人民法院请求保护其民事权利的诉讼时效期间为3年。诉讼时效期间自权利人知道或者应当知道权利受到损害以及义务人之日起计算。权利人超过诉讼时效期间起诉的，如果侵权行为在起诉时仍在继续，在该著作权保护期内，人民法院应当判决被告停止侵权行为、赔偿损失。

三十、侵权损失的计算

侵犯著作权或者与著作权有关的权利的，侵权人应当按照权利人的实际损失给予赔偿；实际损失难以计算的，可以按照侵权人的违法所得给予赔偿。赔偿数额还应当包括权利人为制止侵权行为所支付的合理开支。

权利人的实际损失，可以根据权利人因侵权所造成复制品发行减少量或者侵权复制品销售量与权利人发行该复制品单位利润乘积计算。发行减少量难以确定的，按照侵权复制品市场销售量确定。权利人的实际损失或者违法所得无法确定的，人民法院根据当事人的请求或者依职权依法确定赔偿数额。人民法院在确定赔偿数额时，应当考虑作品类型、合理使用费、侵权行为性质、后果等情节综合确定。

制止侵权行为所支付的合理开支，包括权利人或者委托代理人对侵权行为进行调查、取证的合理费用。人民法院根据当事人的诉讼请求和具体案情，可以将符合国家有关部门规定的律师费计算在赔偿范围内。

案例点评

一、陈某与余某等侵害著作权纠纷案
——影视作品侵害文学作品著作权的判断标准

【生效裁判文书案号：（2015）高民（知）终字第1039号】

【案情简介】

陈某是电视剧剧本及同名小说《梅花烙》（以下简称"涉案权利作品"）的作者，涉案作品于1992年至1993年间创作完成，电视剧《梅花烙》已于1993年10月在台湾地区上映。电视剧《梅花烙》在中国大陆地区多次出版、发行，拥有广泛的读者群与社会认知度、影响力。

2012年至2013年间，余某创作了电视剧剧本《宫锁连城》，H公司、D公司、W公司、X公司共同摄制了电视剧《宫锁连城》（又名《凤还巢之连城》）。自2014年4月8日起，电视剧《宫锁连城》在湖南卫视等多家电视台卫星频道完成首轮及二轮播出，在多家视频网站进行了播放，该剧的电视收视率及网站点击率均较高。

陈某主张，《宫锁连城》电视剧及剧本（以下简称"被诉侵权作品"）与《梅花烙》在人物设置、情节安排等方面有相似之处，被诉侵权作品构成对涉案权利作品改编权及摄制权的侵害，遂起诉至北京市第三中级人民法院（以下简称"一审法院"）。

【判决结果】

一审法院审理后认为，陈某是涉案权利作品的合法著作权人，陈某主张的剧本《梅花烙》的21个情节（小说《梅花烙》的17个情节），前后串联构建起整个故事的情节推演，在前后衔接、逻辑顺序上已经紧密贯穿为完整的个性化表达。上述情节可映射在剧本《宫锁连城》的情节推演中，剧本《宫锁连城》虽然在故事线索上更为复杂，但是并不影响剧本《宫锁连城》与涉案作品在情节内在逻辑推演上的一致性。剧本《宫锁连城》基本包含了涉案作品故事内容架构，电视剧《宫锁连城》实质性使用了涉案作品的人物设置、人物关系、具有较强独创性的情节以及故事情节的串联，超越了合理借鉴的边界，构成对涉案权利作品的改编；余某、H公司、D公司、W公司、X公司共同侵害了陈某依法对涉案权利作品享有的改编权及摄制权，依据《中华人民共和国著作权法》《中华人民共和国侵权责任法》及相关司法解释，判决五被告停止侵权、赔礼道歉并赔偿经济损失及诉讼合理开支共计人民币500万元。一审被告对一审判决不服，上诉至北京市高级人民法院（以下简称"二审法院"）。二审法院经审理后认定一审法院处理结果正确，驳回上诉，维持原判。

【案例解析】

在著作权侵权判断中，一般采用接触可能加实质性相似判断方法，即如果侵权人有接触涉案权利作品的可能，并且被控侵权作品与涉案权利作品构成实质性相似，则认定侵害著作权。

本案的争议焦点在于如何判断被控侵权作品与涉案权利作品构成实质性相似。对于该问题的判断，首先需确定权利人主张的作品要素是否受到《著作权法》的保护。《著作权法》保护作品，但并非作品中的任何要素都受到《著作权法》的保护，根据思想与表达二分法原则，《著作权法》保护的是对思想的表达而不保护思想本身。所谓思想，指作者在作品中体现的思想、情感、主旨、题材等，而表达则是指能体现作者独创性的文字、词语、段落符号等的具体安排和组合。思想是抽象的，而表达是具体的。只有在被诉侵权作品的表达与权利作品的表达构成实质性相似的情况下，才能认定两作品构成实质性相似。但是表达与思想的具体界限比较模糊，在司法实践中需要结合具体作品类型和案件情况进行判断。

在本案中，一审法院和二审法院都提出了将抽象思想不断具体化以确定表达界限的审判思路。二审法院指出，确定文字作品中的表达部分的界限就是不断抽象过滤的过程，先归纳出作品的人物设置及相关情节，接下来添加细节，对此进行具体化。当通过逐步添加人物关系以及具体事件的发生、发展和先后顺序等，使这些情节选择、结构安排、情节推进具体到足以反映出作者独特的选择、判断、取舍时，这些情节选择、结构安排、情节推进就构成《著作权法》保护的表达。

特别的，一审和二审法院都提出了受众对于作品相似性的感知及欣赏体验也是侵权认定的重要考量因素。因此，在思想表达二分法之外，还可以结合受众群体的感官认识来进行作品的实质性相似的判断。

本案中，被告有实际接触涉案权利作品的可能，并且被诉侵权作品与涉案权利作品在人物设置、情节安排上都存在一一对应的关系，构成了实质性相似。因此一审和二审法院均认定被告侵害了原告涉案权利作品的改编权及摄制权。

（张雪松　中伦律师事务所知识产权部合伙人、顾问）

二、张某与 S 公司侵害著作权纠纷案

——网络著作权侵权案件应如何确定赔偿数额标准

【生效裁判文书案号：（2016）京 73 民终 302 号】

【案情简介】

张某诉称，其是图书《冬天的阅读》的作者，对该书享有著作权。2015 年 3 月，S 公司未经许可将涉案图书数字化后上传至其经营的"数字图书馆"系统，销售给 J 城图书馆，供广大读者在线阅览，该行为侵犯其享有的信息网络传播权，造成了经济损失。张某请求法院判令 S 公司立即停止侵权，赔偿经济损失及合理支出共计 9 万余元。S 公司辩称，其已经删除《冬天的阅读》。J 城图书馆违反约定没有将作品限制在局域网内，致使能在外网上查看，扩大了使用范围，扩大部分的损害不应由 S 公司承担。数字图书附随软件销售，《冬天的阅读》收益为零，张某主张的赔偿数额和合理费用过高，请求法院驳回张某诉讼请求。

【判决结果】

北京市朝阳区人民法院认为，侵犯著作权造成经济损失的赔偿数额应根据涉案作品的独创性程度、发表时间、作品字数、S 公司的侵权范围、情节、过错程度等因素，并参照国家文字作品稿酬规定酌情确定。北京市朝阳区人民法院依据《著作权法》第四十八条第（一）项、第四十九条之规定判决：S 公司于判决生效之日起立即停止使用涉案作品；S 公司于判决生效之日起 10 日内赔偿张某经济损失及合理开支共计 1 万元；驳回张某的其他诉讼请求。

一审判决后，原被告双方均向北京知识产权法院（以下简称"二审法院"）提起上诉，二审法院认为，网络著作权侵权案件赔偿数额应参照《使用文字作品支付报酬办法》规定稿酬计算标准，结合作者的知名度、作品的独创性、侵权人的过错程度、作品的市场价值等因素确定，数字图书馆的行业特点亦应充分考虑。二审法院判决认定，S公司赔偿张某经济损失9万元及诉讼合理支出600元，对于张某按照每千字300元的基本稿酬主张赔偿数额予以全额支持，驳回了S公司上诉请求。

【案例解析】

《著作权法》第四十九条第一款规定："侵犯著作权或者与著作权有关的权利的，侵权人应当按照权利人的实际损失给予赔偿；实际损失难以计算的，可以按照侵权人的违法所得给予赔偿。赔偿数额还应当包括权利人为制止侵权行为所支付的合理开支。"第二款规定："权利人的实际损失或者侵权人的违法所得不能确定的，由人民法院根据侵权行为的情节，判决给予五十万元以下的赔偿。"在权利人的实际损失或者侵权人的违法所得均不能确定的情形下，应根据上述第二款的规定，适用50万元以下的法定赔偿。2014年11月1日起施行的《使用文字作品支付报酬办法》第五条规定，基本稿酬和计算方法：（一）原创作品：每千字80-300元，注释部分参照该标准执行。该办法第十四条规定，以纸介质出版方式之外的其他方式使用文字作品，除合同另有约定外，使用者应当参照本办法规定的付酬标准和付酬方式付酬。在数字或者网络环境下使用文字作品，除合同另有约定外，使用者可以参照本办法规定的付酬标准和付酬方式付酬。

本案的争议焦点在于著作权侵权案件应如何确定赔偿数额标准。本案中，权利人张某难以举证证明其实际损失，亦难以提出相应的证据来证明侵权人S公司的违法所得，故二审法院依据《著作权法》第四十九条第二款的规定，综合考虑作者的知名度、作品的独创性、被告过错、作品市场价值、行业特点等因素，结合张某的诉讼请求，并参照文字作品付酬标准确定赔偿数额。二审法院认为，《付酬办法》是对正常情况下使用文字作品如何支付报酬的规定，对使用者而言，稿酬具有作品使用费的性质；对作者而言，则具有许可费的性质。依据填平原则，基本稿酬标准是对作品受到侵害之最低保障，故基本稿酬标准可以作为网络著作权侵权案件确定赔偿数额时参照适用的依据。因此，本案在赔偿数额上可参照原创作品基本稿酬标准和计算方法，即每千字80－300元执行。张某在诉讼中以每千字300元的基本稿酬主张损害赔偿，二审法院予以全额支持。

中共中央、国务院于2016年11月发布的《关于完善产权保护制度依法保护产权的意见》及最高人民法院于同期发布的《关于充分发挥审判职能作用切实加强产权司法保护意见》中提出加大知识产权侵权行为惩治力度，提高知识产权侵权成本，完善知识产权审判工作机制等要求。二审法院按照每千字300元的基本稿酬最高上限全额支持了张某的赔偿数额主张，充分发挥了司法裁判对知识产权的保护作用，体现了裁判者的价值倾向，有利于健全数字图书馆行业诚实信用体系。

（张雪松　中伦律师事务所知识产权部合伙人、顾问）

三、张某与雷某等侵害著作权纠纷案

——必要场景和有限表达方式不受《著作权法》保护

【生效裁判文书案号：（2013）民申字第1049号】

【案情简介】

张某是《高原骑兵连》剧本及电视剧（以下简称"张剧"）的作者。"张剧"于2004年5月17日至5月21日由中央电视台第八套节目在上午时段以每天四集的速度播出。雷某、赵某是《最后的骑兵》剧本及电视剧（以下简称"雷剧"）的作者。"雷剧"于2004年5月19日至29日由中央电视台第一套节目在晚上黄金时段以每天两集的速度播出。

"张剧"与"雷剧"都是以二十世纪八十年代中期精简整编中骑兵部队撤（缩）编为主线展开的军旅、历史题材作品。两部作品都包含了三角恋爱关系、官兵上下级关系、军民关系等人物关系及相应的人物设置。另外，案外作品《骑马挎枪走天涯》和《天苍茫》，系同样以二十世纪八十年代中期精简整编中骑兵部队撤（缩）编为历史背景及题材创作的小说。"雷剧"题材主线及整体线索脉络与《骑马挎枪走天涯》相似。

张某认为"雷剧"构成对"张剧"的抄袭，侵害其著作权，遂起诉至法院。

【判决结果】

一审和二审法院认定"雷剧"不侵害"张剧"剧本和电视剧的著作权。张某不服一审和二审法院判决，向最高人民法院提出再审申请。

最高人民法院审查后认为，特定的历史题材，是社会的共同财富，不能为个别人所垄断。"雷剧"与"张剧"中人物设置与人物关系属于军旅题材作品不可避免的必要场景，因表达方式有限，不应受《著作权法》保护。除故事情节完全不同的部分外，"雷剧"与"张剧"相同、相似的部分多属于公有领域素材或缺乏独创性的素材，有的仅为故事情节中的部分元素相同，但情节所展开的具体内容和表达的意义并不相同。在具体情节展开、描写的侧重点、主人公性格、结尾，"雷剧"都与"张剧"有所不同，相似的故事情节在"雷剧"中所占比例极低，且在整个故事情节中处于次要位置，不构成"雷剧"中的主要部分，不会导致读者和观众对两部作品产生相同、相似的欣赏体验，不能得出两部作品实质相似的结论。两剧都有独创性，各自享有独立著作权。一审和二审法院认定"雷剧"不侵害"张剧"剧本和电视剧的著作权并无不当。基于上述理由，最高人民法院裁定驳回张某的再审申请。

【案例解析】

我国《著作权法》保护的是作品中具有独创性的表达，但并不是所有的表达都受《著作权法》保护，诸如公有领域的信息、必要场景及唯一有限的表达这类都被排除在《著作权法》的保护范围之外。

所谓公有领域的作品，是指，因保护期届满或是被权利人所放弃不能再为任何人所垄断而成为全社会公共财富的知识产品；必要场景，指选择某一类主题进行创作时，不可避免而必须采取某些事件、角色、布局、场景，这种表现特定主题不可或缺的表达方式不受《著作权法》保护；唯一或有限的表达，指一种思想只有唯一一种或有限的表达形式。如果该种有限的表达被垄断，会严重阻碍整个社会的文化创作，因而《著作权法》将以上表达排除在保护范围之外。在比较被诉侵权作品与涉案作品是否构成实质性相似时，需要将上述类别的表达排除在比对范围之外。

本案中，在判断"雷剧"与"张剧"是否构成实质相似时，应在排除不属于《著作权法》保护范围的表达后，将两部作品中体现作者的取舍、选择、安排、设计的表达进行比较。任何作者都有权以自己的方式对二十世纪八十年代中期精简整编中骑兵部队撤（缩）编这一题材背景加以利用并创作作品。而"雷剧"与"张剧"中所都具备的种种人物设置和人物关系是军旅题材作品不可避免地采取的必要场景，因表达方式有限，不在著作权保护范围之内。排除掉以上属于公有领域、必要场景及有限表达后，"雷剧"与"张剧"其余内容不构成实质性相似。因此，二者均为具有独创性的作品，各自享有著作权。

（张雪松　中伦律师事务所知识产权部合伙人、顾问）

四、J公司诉陈某著作权权属纠纷案
——违约金的合理范围
【生效裁判文书案号：（2015）海民（知）初字第36217号】

【案情简介】

原告J公司与陈某于2008年10月6日签订《数字版权签约作者合同》（以下简称"合同"）及《数字版权签约作者补充协议》（以下简称"补充协议"）。在上述合同及补充协议中，双方约定，陈某将合作期间创作的作品的信息网络传播权独家授予J公司，J公司在网站上将作品设置为VIP章节，以读者的购买量计算收益，双方四六分成，J公司分四成，陈某分六成。若未经J公司书面同意，作者擅自将其作品授权给第三人，J公司有权要求作者以签约作品所得报酬的10倍或每字0.3元×签约作品总字数的价格作为违约金支付给J公司。

2015年3月18日，陈某向J公司提出解约，上述合同及补充协议均于2015年10月5日解除。而后J公司发现，陈某于"蔷薇书院"网站发布作品《有妖气》（2011年2月21日发布，811461字）及《妖孽》（2013年1月17日发布，995203字），发布时间处于双方合作期间，陈某就涉案两部作品与"蔷薇书院"网站的结算收益共计3050.65元。

J公司认为陈某构成违约，诉至法院，要求陈某依据合同约定的"每字0.3元×签约作品总字数"赔偿违约金541999.2元。陈某认可其行为构成违约，但主张约定的违约金过高，要求法院依法予以酌减。

【判决结果】

北京市海淀区人民法院审理后认为，陈某在双方合作期间违反合同约定，其行为已构成违约，应承担相应的违约责任。

依照最高人民法院关于适用《中华人民共和国合同法》若干问题的解释（二）第二十九条的规定，当事人主张约定的违约金过高请求予以适当减少的，人民法院应当以实际损失为基础，兼顾合同的履行情况、当事人的过错程度以及预期利益等综合因素，根据公平原则和诚实信用原则予以衡量，并作出裁决；当事人约定的违约金超过造成损失的百分之三十的，一般可以认定为合同法第一百一十四条第二款规定的"过分高于造成的损失"。

本案中，依合同中约定的两种违约金计算方法计算所得的违约金均远高于J公司实际损失的百分之三十，法院以J公司的实际损失为基础，兼顾合同的履行情况、陈某的过错程度以及J公司的预期利益等综合因素，根据公平原则和诚实信用原则酌定陈某应支付的违约金数额。判决被告陈某向J公司支付违约金6000元，驳回J公司的其他诉讼请求。

【案例解析】

本案主要涉及如何合理地确定违约金的数额。

根据民法一般原则，民事责任的承担方式遵循"填平原则"，即民事赔偿责任的承担人需要填平损失人的损失，使其恢复至受损之前的状态。民事赔偿的数额以损失人实际损失为限，损失人无法获得大于其实际损失的赔偿。而司法实践中，在违约救济中，违约赔偿并不要求严格与违约造成的损失一致，只要双方在合同中约定的违约金与违约造成的实际损失相差在合理范围内，该笔数额违约金的主张就有可能被法院支持。

《合同法》第一百一十四条规定，当事人可以约定一方违约时应当根据违约情况向对方支付一定数额的违约金，也可以约定因违约产生的损失赔偿额的计算方法。约定的违约金低于造成的损失的，当事人可以请求人民法院或者仲裁机构予以增加；约定的违约金过分高于造成的损失的，当事人可以请求人民法院或者仲裁机构予以适当减少。而根据相关司法解释，当事人约定的违约金超过造成损失的百分之三十的，一般可以认定为合同法第一百一十四条第二款规定的"过分高于造成的损失"。本案中，J公司因为陈某违约，丧失了对涉案作品的经济收益，这一部分收益应当属于J公司因为陈某违约而遭受的实际损失。虽然双方约定了违约金条款，但根据该违约金条款计算而得的违约金数额远远大于J公司遭受的实际损失。因此，法院酌情判定陈某向J公司支付违约金6000元是合理的。

（张雪松　中伦律师事务所知识产权部合伙人、顾问）

五、马某与F出版社等侵害著作权纠纷案

——翻译作品的侵权赔偿以及精神损害赔偿的计算标准

【生效裁判文书案号：（2014）三中民终字第04098号】

【案情简介】

原告马某是中国文联出版公司1987年出版的中文版《绿山墙的安妮》译者，该中文译本是中国大陆首译本。1999年5月，马某授权人民文学出版社再次出版该书（以下简称"人文版《绿山墙的安妮》"）。2013年6月，马某发现世纪卓越公司、当当网、京东商城、北京图书大厦、王府井书店等销售F出版社出版的、署名周某翻译的《绿山墙的安妮》一书（以下简称"F版《绿山墙的安妮》"）。原告称F版《绿山墙的安妮》与人文版《绿山墙的安妮》的文字基本相同，部分段落的文字完全相同，相同字符所占比例达到97.32%，F版《绿山墙的安妮》抄袭、剽窃了人文版《绿山墙的安妮》，侵犯了其署名权、修改权、保护作品完整权、复制权、发行权、获得报酬权等著作权，要求F出版社停止出版发行F版《绿山墙的安妮》；Z公司停止销售F版《绿山墙的安妮》；F出版社和Z公司在《中国出版传媒商报》上刊登声明公开赔礼道歉；F出版社向其支付精神损害抚慰金5万元、赔偿经济损失及合理费用共计124682元。

被告F出版社辩称《绿山墙的安妮》原著是公版书，人文版《绿山墙的安妮》仅为翻译作品，F版《绿山墙的安妮》由S文化传播中心提供稿件，S文化传播中心已经支付给翻译者周某翻译费，

F版《绿山墙的安妮》与马某主张权利的作品同为翻译作品,内容出现部分雷同在所难免。两书雷同部分在50%以上,但未达到马某所称的比例,并认为要求赔偿金额过多。

【判决结果】

北京市朝阳区人民法院(以下简称"一审法院")经审理认为,虽然翻译会受到原著的文字及文意的限制,但是翻译不是机械地找出与原著文字一一对应的中文词句。对于同样的原著,不同的翻译者会根据自己对原著的理解,选择不同的中文词句和表达方式,因此翻译的结果具有翻译者的个性,不同的翻译者所翻译出来的结果很少是雷同的。本案中,人文版《绿山墙的安妮》与F版《绿山墙的安妮》,两者绝大部分的句子和段落所使用的中文字词、句式完全一致,两者表达方式相同的字数高达约97%。后者显然不是独立翻译的结果,而是抄袭自较其出版发行时间在先的人文版《绿山墙的安妮》,属于侵犯马某署名权、修改权、复制权及发行权的作品。F出版社在出版《绿山墙的安妮》过程中存在明显的过错,导致该侵权图书得以出版发行,应当为此承担停止侵权、公开赔礼道歉、赔偿经济损失的法律责任。因此,一审法院作出判决,判决F出版社立即停止出版、发行涉案的署名为"周某译"的《绿山墙的安妮》一书;在《中国出版传媒商报》上刊登致歉函;赔偿马某经济损失2.5万元;赔偿马某为本案支出的合理费用5000元。后马某认为赔偿金额过低提起上诉,二审法院维持原判。

【案例解析】

本案判决对翻译作品是否构成抄袭有着明确的认定,对原告方诉称的侵犯署名权、修改权、复制权及发行权都予以认可。对于赔偿经济损失的具体数额，法院参考原告于2009年12月28日与人民文学出版社签订的《图书出版合同》中约定的报酬计算方式和标准，并综合考虑到马某及涉案翻译作品的知名度、F出版社的主观过错程度、F出版社侵权行为的性质和情节等因素，在上述计算标准的基础上翻一倍计算。马某未举证证明F出版社的涉案侵权行为给其造成了严重的精神伤害，且公开赔礼道歉也能起到抚慰精神伤害的作用，故法院对马某主张的精神损害赔偿不予支持。

对于精神损害赔偿，《北京市高级人民法院关于确定著作权侵权损害赔偿责任的指导意见》规定，具有以下情形之一的，可以判令被告支付原告精神损害抚慰金：（一）未经原告许可，严重违背其意愿发表其作品，并给原告的信誉、社会评价带来负面影响的；（二）抄袭原告作品数量大、影响广，并使被告因此获得较大名誉的；（三）严重歪曲、篡改他人作品的；（四）未经许可，将原告主要参加创作的合作作品以个人名义发表，并使被告获得较大名誉的；（五）没有参加创作，为谋取个人名利，在原告作品上署名的；（六）严重歪曲表演形象，给原告的社会形象带来负面影响的；（七）制作、出售假冒原告署名的作品，影响较大的；（八）其他应当支付权利人精神损害抚慰金的情形。虽然此规定只针对北京地区法院，但对于精神赔偿的判定具有广泛参考价值，因侵权致人精神损害，但未造成严重后果，受害人请求赔偿精神损害的，法院一般不予支持。司法实践中，著作权中的人身权利受到损害很难举证，法院往往会以未能举证或证据不足而驳回此项诉讼请求。

（张雪松　中伦律师事务所知识产权部合伙人、顾问）

六、张某与于某侵害著作权纠纷案

——合理使用的判断标准

【生效裁判文书案号：（2012）高民终字第3452号】

【案情简介】

原告张某起诉称：2011年，张某在司法考试培训的教室内向百余名学生授课，该授课内容构成口述作品。授课是在特定范围内、针对特定对象进行的，故该口述作品并未发表。2011年8月23日，于某在其实名开设的新浪微博上以"2011张某商经"为题在网络上传播上述授课内容的"视频完整版"，截至2011年9月9日已有854人次转发，487人次评论。于某的上述行为侵犯了原告对涉案作品享有的发表权和信息网络传播权，故诉至法院，请求判令于某：一、在其新浪博客、《人民法院报》和《法制日报》上向张某公开致歉，以消除影响；二、赔偿张某经济损失1万元和精神损失10万元；三、承担张某为本案支出的律师费2万元、公证费3000元和复印费222元；四、承担本案全部诉讼费用。

被告于某辩称：涉案视频的内容是司法考试培训课程，是相关培训机构的收费课程，一般应属于职务作品。张某的现有证据不足以证明其拥有涉案作品的著作权，张某不是本案的适格原告。涉案口述作品的授课行为实质上属于一种向公众发表演讲的行为，作品形成之时即已经发表了，故不存在侵犯其发表权的情形。涉案视频是网友上传至于某的新浪微博上的，于某并无过错。综上，请求法院判决驳回原告的全部诉讼请求。

【判决结果】

根据相关规定，口述作品是指以即兴的演说、授课、法庭辩论等以口头语言形式表现的作品。依据涉案视频中的相关信息，可以认定涉案视频是原告张某做司法考试培训的录像，其中的授课内容属于我国《著作权法》规定的口述作品。鉴于原告张某与Z学校签订的《教师聘用合同》中关于上课内容著作权的约定，法院认定上述口述作品的著作权由原告张某享有。鉴于张某与Z学校及Z公司均主张从未自行或许可他人将涉案视频内容上网传播，且被告于某并未提出相反的主张及证据，故法院认定，将涉案视频上载至网络进行传播的行为未经原告张某的许可。

依据本案查明的事实，网名为"巴黎观察"的网民在其新浪微博上发表了博文并附设了关于涉案视频的链接，被告于某在其新浪微博中转发了上述博文及其附设的关于涉案视频的链接。法院认为，虽然关于涉案视频的链接不是被告于某主动设置的，但其转发该链接的行为仍然属于《著作权法》意义上的作品使用行为。

在本案中，原告张某提出被告于某的转发行为侵犯其发表权的主张。根据相关法律规定，发表权是指决定作品是否公之于众的权利。涉案作品是原告张某在司法考试培训中的授课内容，其培训的对象为百余名学生，而符合司法考试报名条件并向Z学校报名参加上述培训且交纳相应的费用即可成为上述培训的对象。故原告张某授课培训的对象具有公共性和不特定性，属于公众，原告张某授课培训的行为即为其涉案口述作品的发表行为。由于发表权是一种一次性的权利，著作权人将其作品发表后，发表权即行使完毕，他人未经著作权人同意使用其已发表作品的行为不构成对其发表权的侵犯。因此，原告张某关于被告于某的转发行为侵犯其发表权的主张于法无据，法院不予采信。原告张某提出的关于被告于某公开致歉以消除影响的诉讼请求，法院不予支持。

根据相关规定，使用可以不经著作权人许可的已经发表的作品的，不得影响该作品的正常使用，也不得不合理地损害著作权人的合法权益。在本案中，涉案口述作品已经发表。被告于某的涉案转发行为的目的在于评论"巴黎观察"及原告张某的观点，属于以其言论表达其观点的行为，但表达个人观点不得侵害他人的合法权利；同时，法律允许对于他人作品进行合理使用，此时作品的权利人不得阻止他人的合理使用行为。涉案口述作品为司法考试的授课内容，其使用为课堂教学等，在正常情况下学习该内容者不会去被告于某的博客中寻找涉案口述作品，而网民访问被告于某涉案博文的正常目的在于关注各方的观点而非涉案口述作品中与各方观点无涉的司法考试内容，故被告于某的转发行为亦不会不合理地损害原告张某的合法权益。因此，被告于某的转发行为构成合理使用，并未侵犯原告张某对涉案口述作品享有的信息网络传播权，原告张某关于被告于某赔偿其经济损失及诉讼合理支出的诉讼请求，缺乏依据，法院不予支持。鉴于原告张某并未举证证明被告于某的涉案行为致其精神损害，故其提出的关于被告于某向其赔偿精神损失的诉讼请求，缺乏依据，法院不予支持。

北京市第三中级人民法院依据《中华人民共和国著作权法》第三条第（二）项、第十条第一款第（一）项、第（十二）项，《中华人民共和国著作权法实施条例》第二十一条，《最高人民法院关于确定民事侵权精神损害赔偿责任若干问题的解释》第八条之规定，判决：驳回张某的全部诉讼请求。二审法院北京市高级人民法院判决驳回上诉，维持原判。

【案例解析】

一、我国历次《著作权法》对于合理使用制度的规定

新中国于1990年制定了首部《著作权法》，其中关于合理使用的规定集中于第二十二条，其内容为：在下列情况下使用作品，可以不经著作权人许可，不向其支付报酬，但应当指明作者姓名、作品名称，并且不得侵犯著作权人依照本法享有的其他权利：（一）为个人学习、研究或者欣赏，使用他人已经发表的作品；（二）为介绍、评论某一作品或者说明某一问题，在作品中适当引用他人已经发表的作品；（三）为报道时事新闻，在报纸、期刊、广播、电视节目或者新闻纪录影片中引用已经发表的作品；（四）报纸、期刊、广播电台、电视台刊登或者播放其他报纸、期刊、广播电台、电视台已经发表的社论、评论员文章；（五）报纸、期刊、广播电台、电视台刊登或者播放在公众集会上发表的讲话，但作者声明不许刊登、播放的除外；（六）为学校课堂教学或者科学研究，翻译或者少量复制已经发表的作品，供教学或者科研人员使用，但不得出版发行；（七）国家机关为执行公务使用已经发表的作品；（八）图书馆、档案馆、纪念馆、博物馆、美术馆等为陈列或者保存版本的需要，复制本馆收藏的作品；（九）免费表演已经发表的作品；（十）对设置或者陈列在室外公共场所的艺术作品进行临摹、绘画、摄影、录像；（十一）将已经发表的汉族文字作品翻译成少数民族文字在国内出版发行；（十二）将已经发表的作品改成盲文出版。以上规定适用于对出版者、表演者、录音录像制作者、广播电台、电视台的权利的限制。

2001年《著作权法》对此进行了修改。第二十二条的修改之处为：（三）为报道时事新闻，在报纸、期刊、广播电台、电视台等媒体中不可避免地再现或者引用已经发表的作品；（四）报纸、期刊、广播电台、电视台等媒体刊登或者播放其他报纸、期刊、广播电台、电视台等媒体已经发表的关于政治、经济、宗教问题的时事性文章，但作者声明不许刊登、播放的除外；（五）报纸、期刊、广播电台、电视台等媒体刊登或者播放在公众集会上发表的讲话，但作者声明不许刊登、播放的除外；（七）国家机关为执行公务在合理范围内使用已经发表的作品；（九）免费表演已经发表的作品，该表演未向公众收取费用，也未向表演者支付报酬；（十一）将中国公民、法人或者其他组织已经发表的以汉语言文字创作的作品翻译成少数民族语言文字作品在国内出版发行。另外增加了一条，作为第二十三条，其内容为：为实施九年制义务教育和国家教育规划而编写出版教科书，除作者事先声明不许使用的外，可以不经著作权人许可，在教科书中汇编已经发表的作品片段或者短小的文字作品、音乐作品或者单幅的美术作品、摄影作品，但应当按照规定支付报酬，指明作者姓名、作品名称，并且不得侵犯著作权人依照本法享有的其他权利。前款规定适用于对出版者、表演者、录音录像制作者、广播电台、电视台的权利的限制。

2010年的《著作权法》修改仅有两处，对于合理使用的规定未作修改。

可以明显看出，历次《著作权法》关于合理使用的规定均采用了"具体规则"式的立法模式，特别是仅仅作出了"有限式穷尽列举"的具体规定，即没有"兜底"式的弹性条款作为补充，更缺乏"构成要件"或"要素规则"式的规定。而考察其他规定，则罕见此种立法模式，多见的是"混合型"立法模式。例如：《著作权法》关于作品的规定，就采用了"一般规定"加"列举规定"加"兜底规定"加"排除规定"的立法模式；《合同法》是采用了"总则"加"分则"的立法模式，且这一模式在各分则中同样被逐级采用；《侵权责任法》则采用了更加具有"构成要件"或"要素规则"式的规定。与之形成鲜明对照的是，刑法虽然也采用了"总分结构"，但其中对于罪名及刑罚的规定均采用了比较严格的具体明确规定的模式，其原因当然是罪刑法定主义。可见，在民事法律中，由于具体的民事法律行为及民事侵权行为具有非法定性的特征，往往采用具有既具有一定的包容性和弹性力，又具有立法者所欲追求的严格性和确定力的"混合型"立法模式。

立法的包容性和弹性力与严格性和确定力恰似数轴的两极，过分偏于任何一极都是不妥当的，因此从逻辑上说，现行《著作权法》关于合理使用的规定明显地偏于严格性和确定力，从而缺乏包容性和弹性力。当然，我们知道，我国的著作权法律体系不仅包括《著作权法》，还包括其他法律文件，其中集中规定了合理使用的文件主要是《著作权法实施条例》等，那么，在这些文件中有无补充性规定足以弥补《著作权法》对于合理使用规定的不足呢？

二、《著作权法实施条例》的补充规定及其不足

现行《著作权法实施条例》第二十一条规定：依照著作权法有关规定，使用可以不经著作权人许可的已经发表的作品的，不得影

响该作品的正常使用，也不得不合理地损害著作权人的合法利益。该规定确实没有采用"具体规则"式的立法模式，而是采用了"构成要件"或"要素规则"式的模式，其构成要件分为两条：一是"不得影响该作品的正常使用"，二是"不得不合理地损害著作权人的合法利益"。该规定的确对于《著作权法》中关于合理使用的规定有所补充，但遗憾的是，由于该规定的"前序"部分为"依照《著作权法》有关规定"，因此该规定应被理解为仅仅是针对《著作权法》中关于合理使用的规定的进一步限缩，也就是说，即使属于《著作权法》中关于合理使用的规定的行为，也不能当然地被认为一定是合理使用行为，还要考察该行为是否"影响该作品的正常使用"以及是否"不合理地损害著作权人的合法利益"，只有在进一步考察的结果均得出否定性结论时，该行为才能被认定为合理使用，否则就会构成侵害著作权的行为。

可见，《著作权法实施条例》并未解决在《著作权法》中列举的合理使用具体情形之外的行为被认定为合理使用的问题。那么，能否修改《著作权法实施条例》，使其具有这样的作用呢？例如，将《著作权法实施条例》第二十一条修改为："在不影响该作品的正常使用，也没有不合理地损害著作权人的合法利益的情况下，可以不经著作权人许可，不向其支付报酬，使用其已经发表的作品，但使用时应当指明作者姓名和作品名称。"笔者认为，根据《立法法》的规定，由行政法规作出这种突破性的修改是缺乏依据的，甚至涉嫌行政越权。除《著作权法实施条例》外，《信息网络著作权保护条例》和最高人民法院《关于审理著作权民事纠纷案件适用法律若干问题的解释》中均有关于合理使用的规定，但这些规定均属于针对某些特殊情况的列举式规定，既没有兜底式规定，更没有"构成要件"式规定；当然，基于同样的理由，指望这些法律文件能够从根本上解决《著作权法》中关于合理使用的规定存在的问题也是不可能的。

三、司法实践中出现的争议、困难及其突破

以上的分析是逻辑的，而法律则主要是现实的。在现实中，特别是司法实践中，是否也出现了问题，如果《著作权法》中关于合理使用的规定并未遇到困境，那么上述分析简直就是杞人忧天了。

就笔者所知，确实出现了一些突出反映这一问题的案例。一是电视连续剧《激情燃烧的岁月》中未经许可使用了歌曲《解放区的天》，中国音乐著作权协会起诉该剧的制作方侵犯著作权，被告辩称确实使用了涉案歌曲，但不是作为背景音乐使用，而是属于气氛音乐，使用特定时代广为流传的老歌曲只是为表现和说明当时的历史背景，采用气氛音乐的艺术手法烘托剧情。一审法院认为，被告的行为不符合《著作权法》关于合理使用规定中的任何一项，构成侵权；二审法院则认为，被告的行为既没有"影响该作品的正常使用"，也没有"不合理地损害著作权人的合法利益"，构成合理使用，不构成侵权。二是当前大量出现的关于网页快照和照片缩略图的案件。不同法院认定的结论不同，即使认定的结论相同，认定的理由也不同。

可见，《著作权法》中关于合理使用的规定不能满足现实的需求，而法院则面临着两难的困境：如果严格依法办事，即僵硬地适用法律条文，则会背离合理使用制度的宗旨，违反《著作权法》的利益平衡原则，进而造成现实的不公平；而如果突破法律条文的规

定，则必将面对"法官造法"的指责。另一方面，不同法院的不同选择在客观上又会造成事实上的司法标准不统一。其中，选择"激进路线"的法院提出的似是而非的法律依据就是《著作权法实施条例》第二十一条的规定，这些法院有意"曲解"或"忽视"了该条规定的前提，即"依照著作权法有关规定"，而在事实上将后面的两项标准的适用范围扩大到超越了《著作权法》中关于合理使用的具体情形的限度，进而使《著作权法实施条例》第二十一条的规定成为了在司法实践中突破成文法局限的、具有《著作权法》合理使用这一具体制度的原则性条款的地位和作用的条款。

笔者认为，司法实践中的上述突破具有积极意义，而且这种突破已经在社会上产生了一定的引领作用和示范效果。曾经一度引发巨大社会影响的《一个馒头引发的血案》就是一个很好的例子。在事件被曝光之初，陈凯歌导演即明确表示将起诉胡戈，而部分专家和版权局领导也认为胡戈的行为构成侵害著作权，但后续有学者认为胡戈的行为是"滑稽模仿"或称"戏仿"，属于合理使用的一种情形，不构成侵害著作权，这种观点后来居上，成为主流。当然，该事件还涉及到更高层次的"战略"问题，即著作权人的身份确定问题、言论自由问题等等，但从"战术"层面而言，胡戈的行为在《著作权法》的司法实践中很可能被法院突破性地认定为合理使用而非侵权，肯定是放弃起诉的直接原因之一。综上，对《著作权法》中合理使用的规定进行修改势在必行，且修改的方向应当是增加"构成要件"和"兜底条款"的规定，采用"混合式"立法模式。

（冯刚　北京知识产权法院审委会委员、法官）

七、李某与W出版社著作权侵权案

——买卖书号出版图书的复制发行主体
及侵权行为的认定

【生效裁判文书案号：（2010）民提字第117号】

【案情简介】

2001年4月，李某与W出版社签订图书出版合同，授予W出版社在中国大陆出版发行《邓小平理论辞典》汉字简体字文本的专有使用权，约定未经双方同意，任何一方不得将约定的权利许可第三方使用，W出版社尊重李某确定的署名方式，出版电子版或者许可第三方出版电子版，须另行取得李某的书面授权。

在市场上有以W出版社名义出版的787×960开本的《邓小平理论辞典》（以下简称"960版"）及787×1092开本（以下简称"1092版"），其中1092版含配套光盘，光盘内容与图书内容一致。960版及1092版均署名"主编李某"，960版扉页在作品标题下署名"李某主编"，1092版扉页没有署名，1092版有四十余处文字、排版、印刷错误。李某已获得960版基本稿酬74100元。

1092版是由W出版社找书商合作出版，W出版社将960版未定稿交给书商，由书商自行排版、印刷、发行了1092版，1092版的出版完全由书商操作，W出版社为1092版办理了相关出版审批手续，并向书商收取了8万元管理费。

李某认为W出版社违反图书出版合同约定，在出版960版之外，未经许可擅自出版1092版（含电子版光盘）；1092版存在多处错误，质量很差，未按其要求方式署名且未支付其报酬；W出版社侵害了其发表权、署名权、财产权等权利，遂诉至法院。

【判决结果】

一审法院认为，W出版社出版1092版并未超出合同约定范围；W出版社出版1092版的同时出版光盘版，超出合同约定。一审法院判决：1. 解除李某与W出版社关于《邓小平理论辞典》的图书出版合同；2. W出版社支付李某960版图书印数稿酬7410元；3. W出版社停止出版发行1092版；4. W出版社赔偿李某因1092版侵权所造成的损失4万元；5. W出版社支付李某合理支出4108元；6. 驳回李某其他诉讼请求。案件受理费14032元，李某、W出版社各负担7016元。

李某不服一审判决，向北京市高级人民法院（以下简称"二审法院"）提起上诉。二审法院以与一审判决基本相同的理由判决驳回上诉，维持原判。

最高人民法院受理李某再审申请后，认为1092版是书商姚智瑞从事非法出版活动出版的非法出版物，其复制发行的主体实质上已经不是W出版社，而是书商姚智瑞。1092版的出版超出合同约定，侵害了李某的著作权。最高人民法院判决撤销二审判决书；维持一审判决的第一项、第二项、第六项，撤销该判决的第三项、第四项、第五项；改判W出版社停止出版发行1092版《邓小平理论辞典》及其配套光盘，赔偿李某损失及维权合理费用15万元。

【案例解析】

本案涉及买卖书号出版的图书的复制发行主体及侵权行为的认定。根据相关出版法律法规规定，在图书出版活动中，不得以任何名义向任何单位或个人收取费用并由其参与到图书的出版发行工作中。买卖书号的行为除了违反相关出版法外，实际上让出版单位外的其他单位或个人参与了出版、复制和发行等工作，非法出版物的发行人、复制人应当认定为是进行非法出版物实际排版、复制、发行工作的单位或个人。

在本案中，从 1092 版的实际出版过程来看，图书的排版、印刷、发行工作实际全由书商姚智瑞进行，复制发行的主体实质上已经不是 W 出版社，而是书商姚智瑞。

作者与出版机构签订发行许可合同，实际上是相信出版机构在编辑、校对、印刷、复制、发行等环节的履约能力。李某与 W 出版社中并没有约定授权 W 出版社将《邓小平理论辞典》书稿许可他人复制发行，此时 W 出版社交由其他书商进行图书的排版、复制及出版，违反了这一约定，因此 1092 版的出版发行侵害了李某的著作权。一审和二审法院对这一问题的认定存在错误。

除此之外，W 出版社已经在涉案作品两个版本中为李某署名，李某认为 W 出版社未按约定署名没有依据。因校对及排版印刷方面出现的疏漏而导致出版的图书存有错误的，没有在实质上修改作品的内容，也不存在歪曲篡改作品的情形，不属于侵犯作者修改权和保护作品完整权的行为，因此李某据此主张修改权和保护作品完整权不能成立。

（张雪松　中伦律师事务所知识产权部合伙人、顾问）

八、母某与 W 期刊网侵害著作权纠纷案

——对信息网络传播行为的理解

【生效裁判文书案号：(2005) 一中民终字第 10231 号】

【案情简介】

原告母某系长篇小说《惑之年》的著作权人，被告 W 期刊网未经许可在其网站的"现代文学"栏目登载《惑之年》供网络用户免费浏览和下载。原告认为被告侵犯了其对《惑之年》享有的信息网络传播权和获得报酬权，请求法院判令：被告立即停止在其网站使用《惑之年》的行为，并赔偿经济损失 3 万元、公证费 1500 元和律师费 3000 元。被告辩称其网站经合法审批可以开设电子公告 (BBS) 服务栏目，"现代文学"栏目中的《惑之年》系由网络用户在 BBS 栏目中自行上传，其已在网站刊登"投稿说明"和"版权声明"，明示文章发布者需对其上传文章承担法律责任，被告收到法院送达的起诉书后，立即删除了《惑之年》，并根据《互联网电子公告服务管理规定》①及时作了处理。故未侵犯母某的著作权。

【判决结果】

法院经审理认为：公众通过互联网登录被告的 W 期刊网，可以随意浏览或下载《惑之年》，故该作品在客观上已被网络传播。W 期刊网是造成这一后果的直接行为人和责任人。电子公告 (BBS) 服务提供者是指在互联网上以电子布告牌、电子白板、电

---

① 编者注：该规定已被《工业和信息化部关于废止和修改部分规章的决定》(2014 年 9 月 23 日发布，2014 年 9 月 23 日实施) 废止。

子论坛、网络聊天室、留言板等交互形式为上网用户提供信息发布条件，并不向上网用户直接提供信息内容，故BBS服务提供者不属于内容服务商，其仅对明知侵权仍予以提供信息发布条件的帮助行为承担责任。本案中，在《惑之年》相关页面中，虽确有可供网络用户对该文章及相关章节发表评论的电子白板，此系W期刊网提供信息发布服务的BBS。但根据该网站"投稿说明""投稿方法"和在注册过程中需用户接受的关于网络知识产权规定内容以及勘验过程可知：用户并不能径行在上述栏目发布文章，而是需要向该网站"投稿"，由该网站栏目编辑对稿件内容进行审核并决定是否发布。包含《惑之年》在内的"现代文学"等47个栏目的文章编辑和分类工作是由W期刊网进行的，而非用户直接自行上传生成，W期刊网的上述行为不属于提供BBS服务，其已实际提供了网络信息内容，成为《惑之年》的网络登载及传播者。W期刊网借提供BBS服务之名行提供网络内容服务之实，不仅违反了互联网电子公告服务管理的规定，而且侵犯了母某对其作品《惑之年》所享有的信息网络传播权。据此判决：被告W期刊网立即停止使用作品《惑之年》的行为；赔偿母某经济损失1.45万元。后二审法院维持原判。

【案例解析】

网络传播作品的方式复杂多样，但基本可以分为两种：一种是信息网络传播行为，一种是网络技术、设备服务提供行为。理解和区分开这两种行为是进行网络维权的必修课。

信息网络传播行为是指将作品、表演、录音录像制品上传至或以其他方式将其置于向公众开放的网络服务器中，使公众可以在选定的时间和地点获得作品、表演、录音录像制品的行为。简单说，就是把作品直接放到互联网上的行为，属于直接的信息网络传播行为，受《著作权法》的控制。将作品等传播到互联网上，应当经过著作权人许可，如果未经许可，就说明上传人主观上具有过错，就应当承担相应责任。

网络技术、设备服务提供行为是比较复杂的，它包括提供自动接入、自动传输、信息存储空间、搜索、链接、P2P（点对点）等服务。虽然貌似这些提供者在传播作品，但是这种服务是建立在直接上传作品的信息网络传播行为基础之上，后者不构成直接的信息网络传播行为。

因为网络技术、设备服务提供者只有符合法律规定的情况，才构成侵权并承担相应的责任，实践中，被告大多以提供技术服务进行抗辩，以逃避侵权指控。对此，法院首先要查明被告行为的性质。一般认为，如果被告对提供的作品的主题、质量、内容等进行审查或者对作品进行了涉及内容的选择、编辑、整理，其行为有较大可能构成直接的信息网络传播行为。本案中，法院正是据此认定了被告进行了信息网络传播行为，构成了直接侵权。

需要注意的是，网络技术、设备提供者主张其仅为被诉侵权的作品、表演、录音录像制品提供了信息存储空间、搜索、链接等服务的，应进行相应的举证。如果其不能提供证据证明被诉侵权的作品、表演、录音录像制品系由他人提供并置于向公众开放的网络服务器中的，可以推定该服务提供者实施了信息网络传播行为。这一做法对在网络环境下，加大对著作权人的保护力度是非常重要的。

（张雪松　中伦律师事务所知识产权部合伙人、顾问）

九、陈某诉 K 公司侵害保护作品完整权纠纷案

——侵害保护作品完整权的构成要件

【生效裁判文书案号：（2015）京知民终字第 811 号】

【案情简介】

陈某诉称，其与 K 公司签订合同，由 K 公司代理出版《老板与孔子的对话》《老板与老子的对话》《老板与孙子的对话》（简称"《对话》系列作品"）三本书。K 公司擅自把涉案作品的名称改为《老板〈论语〉释义》《老板〈老子〉释义》《老板〈孙子〉释义》（简称"《释义》系列图书"）出版发行，以致因无法确定著作权属于本人而无法和相关方面签约出电子书。同时，三本书缺漏错误太多，侵害保护作品完整权，损害名誉，造成精神损害。请求法院判令：一、K 公司、T 出版社按原稿重新印刷发行《对话》系列作品各 6000 册；二、K 公司、T 出版社赔偿因侵害保护作品完整权给陈某造成的经济损失 1.8 万元；三、K 公司、T 出版社回收已经印刷发行的《释义》系列图书；四、K 公司、T 出版社在全国性媒体上公开道歉，以挽回因侵害作品完整权给陈某造成的名誉损失；五、K 公司、T 出版社承担本案诉讼费用。

K 公司辩称，涉案作品总序、前言、后记和作者简介四部分实质性内容比较少，作者简介夸大其词。一部书稿的出版，必须要符合出版社及有关部门对稿件质量的要求，删除上述四部分，对书稿中的错别字、逻辑错误及重复冗余部分的修改，是正常的编校行为，而且这四部分在删除之前，其已经跟陈某和 T 出版社沟通过

了。修改既未歪曲作品原意，也未篡改任何实质性内容，更谈不上对陈某的损害。

一审法院经审理查明：陈某与K公司签订《图书授权出版合同》，双方在合同中约定：作品名称为《老板与孔子的对话》《老板与老子的对话》《老板与孙子的对话》。陈某将《对话》系列作品的正文和目录部分发至K公司指定的邮箱。《释义》系列图书与原书稿相比，少了前言和后记，陈某表示其起诉状中所称的"缺漏错误"即指出版的图书中缺少了总序、前言、后记和作者简介，同时这四部分内容也没有在目录中体现。

涉案总序介绍了中华民族传统文化的内核及特色，从理论层面进行了论述，并以此为出发点对于现代市场经济进行了分析，提出了发展方向。《老板与孔子的对话》的前言介绍了"人的管理学"与"类的管理学"以及二者的关系；该书后记介绍了管理的科学尺度、道德尺度以及二者的关系。《老板与老子的对话》的前言提出老子思想的基本线索是对称，并详细论述了对称逻辑、对称管理；该书后记指出东西方哲学的差异，并详细论述了以东方哲学为基础的对称思维方式、对称经济、对称管理等一系列概念。《老板与孙子的对话》的前言指出了通过阅读该书老板能够学到的相关内容；该书后记指出了《孙子兵法》的本质，并以此为基础进行了详细的论述。上述三本书中作者简介均是对于作者陈某学术成就、研究领域、学术地位、个人名言及个人网站的介绍。

【判决结果】

北京市丰台区人民法院依照《中华人民共和国著作权法》第十条第一款第（四）项，《中华人民共和国民事诉讼法》第一百四十四条,《最高人民法院关于审理著作权民事纠纷案件适用法律若干问题的解释》第二十八条之规定,判决驳回陈某的全部诉讼请求。

二审法院北京知识产权法院认为:《中华人民共和国著作权法》第十条第一款第(四)项规定,保护作品完整权即保护作品不受歪曲、篡改的权利。"一般来说,在作品发表之时,原则上必须尊重作品的全貌,如果此时改动作品,会损害作者的表达自由,因为作者有权以自己选择的方式表达思想,此时可采主观标准。采主观标准,有利于加大对著作权的保护,增强公众尊重他人权利、维护他人作品统一性的意识。此外,我国现行《著作权法》规定的保护作品完整权并没有'有损作者声誉'的内容,应当认为法律对于保护作品完整权的规定不以'有损作者声誉'为要件。另外,是否包含'有损作者声誉'的限制,涉及权利大小、作者与使用者的重大利益,对此应当以法律明确规定为宜;在《著作权法》尚未明确作出规定之前,不应对保护作品完整权随意加上'有损作者声誉'的限制。保护作品完整权维护的是作品的内容、观点、形式不受歪曲、篡改,其基础是对作品中表现出来的作者的个性和作品本身的尊重,其意义在于保护作者的名誉、声望以及维护作品的纯洁性。从这个意义上说,即使未对作品本身作任何改动,但使用方式有损作者的名誉、声望的,亦属于对作者人格的侵害,可以通过保护作品完整权予以规制。同时,不论使用者是恶意还是善意,是否出于故意,只要对作品的使用客观上起到歪曲、篡改的效果,改变了作品的内容、观点、形式,就应判定构成对作品完整权的损害。"[1]

---

[1] 陈锦川著:《著作权审判原理解读与实务指导》,法律出版社2014年1月第1版,第143、144页。

在本案中，总序及三本书的前言和后记是对于涉案作品在学术理论方面的提炼和升华，体现了作者在涉案作品中想要突出表达的系统化的观点，是涉案作品的有机组成部分。K公司、T出版社未经陈某许可，在涉案图书中未使用总序及三本书的前言和后记的行为，使上诉人陈某的学术思想不能完整、准确、系统地呈现在公众面前，构成对涉案作品的实质性修改，改变了涉案作品的内容、观点和形式，客观上达到了歪曲、篡改的效果，侵害了上诉人陈某享有的保护作品完整权，依法应当承担停止侵害、赔礼道歉的民事责任。

二审法院北京知识产权法院依照《中华人民共和国著作权法》第十条第一款第（四）项、第四十七条第（四）项，《中华人民共和国民事诉讼法》第一百七十条第一款第（二）项之规定，判决：一、撤销北京市丰台区人民法院判决；二、K限公司和T出版社于本判决生效之日起，立即停止出版发行《释义》系列图书；三、K公司和T出版社于本判决生效之日起三十日内，在《光明日报》刊登致歉声明，向陈某公开赔礼道歉；四、驳回陈某的其他诉讼请求。

【案例解析】

本案争议的焦点是K公司、T出版社未经陈某许可，在涉案图书中未使用总序及三本书的前言和后记的行为，是否侵害了陈某享有的保护作品完整权。关于该焦点的认定，需要厘清以下几个问题：一、什么是修改权？什么是保护作品完整权？两者的关系是什么？二、歪曲篡改的标准是什么？三、侵害保护作品完整权的构成要件是什么？

（一）修改权、保护作品完整权及两者之间的关系

1.修改权以及保护作品完整权

根据《中华人民共和国著作权法》（以下简称"《著作权法》"）第十条之规定，修改权是指"修改或者授权他人修改作品的权利"，保护作品完整权是指"保护作品不受歪曲、篡改的权利"。

修改权，即修改或者授权他人修改作品的权利。修改与否，怎么修改以及是否授权他人修改，都应根据作者的意愿，不应强制。

保护作品完整权，是指作者保护其作品的内容、观点、形式等不受歪曲、篡改的权利。作者有权保护其作品不被他人丑化，不被他人作违背其思想的删除、增添或者其他损害性的变动。这项权利的意义在于保护作者的名誉、声望以及维护作品的完整性，是作者维护自己人格或精神情感的完整性的权利。"作品是作者精神和人格的产儿，体现了作者的思想、情感和精神、人格等。"①如果任由他人歪曲篡改作品，肯定会破坏作品的完整性，进而破坏体现在作品中的精神和人格。作者有权禁止他人丑化作品，他人不得对作品的内容进行破坏，不得改变作品的表现形式、艺术效果。

2.修改权与保护作品完整权的关系

总的说来，修改权和保护作品完整权可以看作是一项权利的两个方面。②从正面讲，作者有权修改自己的作品，从反面讲，作者有权禁止篡改、歪曲自己的作品。

---

① 李明德：《著作权法》（第二版），法律出版社，第48页。

② 刘爱芳等诉高志刚等侵害著作权纠纷案，2014年中国法院50件典型知识产权案例之20，（2013）桂民三终字第65号。

首先，从范围上看，修改权控制的范围广于保护作品完整权的范围。修改权控制文字性修改，也控制其他修改。对作品的修改不用达到歪曲、篡改的程度就能构成侵害修改权。而对作品的修改只有达到歪曲、篡改的程度，进而才侵害保护作品完整权。《著作权法实施条例》第十条的规定体现出该观点。在上海市第一中级人民法院（2013）沪一中民五（知）终字第78号民事判决中，法院认为，虽然被告使用涉案作品时，进行了一定的修改，但是这种修改没有达到歪曲、篡改原作品的程度，因此被告的行为仅侵害了原告对涉案作品的修改权，未侵害涉案作品的保护作品完整权。在安徽省高级人民法院（2003）皖民三终字第3号民事判决中，法院认为，保护作品完整权是修改权的延伸，在内容上比修改权还更进一步，侵害作品完整权必然侵害修改权。

其次，修改权和保护作品完整权的权利行使方式不同，修改权可由作者直接行使，而保护作品完整权则需要司法机关予以保护，属于"间接行使权利"[①]

最后，其实修改权和保护作品完整权可以完全重合。保护作品完整权可以吸收修改权，其含义可以理解为，作者自己修改或者授权他人修改，以保护作品中体现作者精神状态的权利。《著作权法（第三次送审稿）》中，第十三条已经删除了修改权，保留了保护作品完整权。

---

① 张平：《著作权法》，北京大学出版社，第54页。

（二）歪曲篡改的标准

保护作品完整权侧重于保护作者的思想与其作品所表达出来的思想的同一性，其他人不得通过歪曲、篡改等方式改动作品而造成读者对作品以及作者思想观点的误读。歪曲是指故意改变事物的本来面目或对事物作不正确的反映，含有贬义；篡改是指用作伪的手段对经典、理论、政策等进行改动或曲解。

法理上认为，歪曲、篡改的标准最好由作者判定，但是如果由作者掌握歪曲、篡改的标准，可能会出现一些作者滥诉的问题。因此，《伯尔尼公约》和域外的一些著作权法都规定，对作品的歪曲、篡改，必须达到有损声誉的程度。我国法律法规没有明确歪曲、篡改的标准，在司法实践中，法院会根据个案情况进行判断。一般说来，总体上不影响作品的完整性的，不属于侵害作品完整权的行为。例如，出版社、杂志社对作品进行的必要的文字修改；建筑物的施工者因施工的需要对作品进行的必要修改等。

（三）侵害保护作品完整权的构成要件

"《著作权法》第十条第四项对保护作品完整权的规定属于定义性法条。而定义性法条没有构成要件和法律效果，它只对完全法条加以阐释。"[1]

实践中，法官需要通过解释保护作品完整权的概念来解决纠纷。法官解释的过程中，实质上是为定义性法条补充了构成要件，

---

[1]　李雨峰：《知识产权民事审判中的法官自由裁量权》，载于《知识产权》2013年第2期，第3页。

构成要件因为法官的主观因素和案件具体情况而有差异，一般分为以下几种：

第一种，文字性的错误超过一定幅度，影响了作品的完整性，构成侵犯作品完整权。如在北京市一中院（2000）一中知初字第196号民事判决等案中，法院认为被告发行的书本存在严重质量问题，文字错误超过了允许的差错幅度，侵害了作者的保护作品完整权。反之，文字错误在可接受范围内，则不构成侵害作品完整权。在广西高院（2013）桂民三终字第65号民事判决中，法院认为被告获得了对涉案作品的表达进行改动的权利，只要这种改动没有构成歪曲、篡改即可。也有法院认为，如果不是有意修改或歪曲篡改作品，即使存在文字性错误，也不属于侵犯作品完整权。如最高人民法院（2010）民提字第117号民事判决书中，法院认为，错误处均属于没有充分校对及排版印刷方面的问题，并非有意修改或者歪曲篡改作者的作品，不属于侵犯作者修改权和保护作品完整权的情形。

第二种，满足损害声誉的要件，一般构成侵犯保护作品完整权。在上海市一中院（2013）沪一中民五（知）终字第78号民事判决、北京市一中院（2011）一中民初字第1321号民事判决中，法院都把歪曲篡改与损害作者声誉联系起来。这些法院认为保护作品完整权的设立意义是保护作者的声誉不受损害，所以，只有在对作品的使用实质性地改变了作者在作品中要表达的思想感情，从而导致作者声誉受到了损害时，才可认定其构成对保护作品完整权的侵害。

第三种，如果修改结果反映的内容与作者表达的思想相背离或作品被丑化，有损名誉声誉的，且被告主观存在故意，一般构成侵犯作品完整权。在北京市西城区人民法院（2015）西民（知）初字第16414号民事判决中，法院认为图书目录是图书的重要组成部分，对图书的内容起着简介和指引的作用。对书本目录部分的核心内容作实质性替换，会使读者因这种歪曲、篡改而对作品反映的内容产生与作者要通过作品表达的本意产生相背离的理解，且被告的篡改行为主观上为应知。因此侵犯了原告所享有的保护作品完整权。

从上述案例不难看出，侵害保护作品完整权的构成要件因为法官的主观因素和案件具体情况而有差异。本案中，二审法院的认定标准是侵害保护作品完整权不以有损作者声誉为要件，而以客观达到了歪曲、篡改的效果（对涉案作品进行了实质性修改，改变了涉案作品的内容、观点和形式）为要件，所以作出对原告有利的判决。

（冯刚　北京知识产权法院审委会委员、法官）

十、王某与国家工商行政管理总局 商标评审委员会商标申请驳回复审行政纠纷案

——将在我国政治、经济、文化等领域具有 重大影响的知名人物姓名或笔名、艺名等相关权利 申请为商标时的法律规则

【生效裁判文书案号：（2015）高行（知）终字第3061号】

【案情简介】

王某为商标申请人，申请"莫言"商标指定使用于国际分类第34类的烟斗等商品上。2014年3月28日，国家工商行政管理总局商标局作出《商标驳回通知书》。王某不服该决定，向国家工商行政管理总局商标评审委员会（以下简称"商标评审委员会"）申请复审。2014年12月23日，商标评审委员会作出商评字（2014）第105876号《关于第11733424号"莫言"商标驳回复审决定》（以下简称"第105876号决定"），驳回申请商标注册申请。王某不服第105876号决定，向北京知识产权法院（以下简称"一审法院"）提起行政诉讼。

【判决结果】

一审法院认为，本案中，申请商标为"莫言"文字商标，与我国首位获得诺贝尔文学奖的作家莫言笔名相同，相关公众可能会认为申请商标核定使用的商品与莫言存在某种关联，但这种后果不会对我国政治、经济、文化、宗教、民族等社会公共利益和公共秩序产生消极、负面影响。申请商标的注册仅仅涉及是否损害莫言本人

的民事权益的问题，属于特定的民事权益，并不涉及社会公共利益或公共秩序，故不应适用《中华人民共和国商标法》第十条第一款第（八）项的规定，判决撤销商标评审委员会作出的第105876号决定；商标评审委员会就申请商标重新作出决定。商标评审委员会不服一审判决，向北京市高级人民法院（以下简称"二审法院"）提起上诉，请求撤销一审判决，维持第105876号决定。二审法院认为，申请商标为"莫言"文字商标，与我国首位获得诺贝尔文学奖的作家莫言笔名相同，莫言获得诺贝尔文学奖后，"莫言"两字就与诺贝尔文学奖建立直接联系，诺贝尔文学奖是举世公认的世界文坛最重要、最权威、最受人瞩目的一个奖项，莫言获得诺贝尔文学奖意味着莫言的艺术成就得到国际文学界的普遍认可，对我国文化领域产生了重大影响。未经莫言本人同意或经其许可的情况下，他人以"莫言"作为商标注册，必然会对我国文化领域的社会公共利益和公共秩序产生消极、负面影响。申请商标的申请日为莫言获得诺贝尔文学奖之后一个月，这种抢注知名人士姓名、笔名、艺名，借助知名人士效应获得利益的行为不但有违诚实信用原则，损害了该知名人士的特定利益，而且也在一定程度上损害了社会公共秩序和善良风俗，故判决：撤销北京知识产权法院（2015）京知行初字第869号行政判决；维持国家工商行政管理总局商标评审委员会作出的商评字（2014）第105876号《关于第11733424号"莫言"商标驳回复审决定书》。

【案例解析】

根据商标法第十条第一款第八项的规定，下列标志不得作为商标使用：……（八）有害于社会主义道德风尚或者有其他不良影响的。商标审查实践中，商标标志是否构成具有其他不良影响的情形，一般是指该标志或者其构成要素是否可能对我国政治、经济、文化、宗教、民族等社会公共利益和公共秩序产生消极、负面影响。如果有关标志的注册仅损害特定民事权益，如他人的姓名权，并不涉及社会公共利益或公共秩序，不应适用该条的规定。

但是，抢注知名人士姓名、笔名、艺名，借助知名人士效应获得利益的行为不但有违诚实信用原则，损害该知名人士的特定利益，而且在一定程度上损害了社会公共秩序和公序良俗。如果允许这种商标抢注行为发生，会严重冲击我国正常的商标注册秩序，并助长不劳而获、坐享他人之利的不良风气。本案中，二审法院针对我国商标审查实践对涉及姓名权的商标审查的标准进行了适当的发展，确定了社会公众广为知晓的知名人物姓名权的商标审查标准：他人将知名人物姓名或笔名、艺名等相关名称申请为商标时，如果该知名人物在我国政治、经济、文化等领域具有重大影响，国内社会公众均普遍知晓，则应当认为该商标的注册具有《商标法》第十条第一款第（八）项规定的"其他不良影响"，应当予以驳回。

（张雪松　中伦律师事务所知识产权部合伙人、顾问）

十一、张某与Z公司等著作权权属、侵权纠纷案

——将文学作品改编为影视作品时侵害保护作品完整权的判断尺度

【生效裁判文书案号：（2016）京0102民初83号】

【案情简介】

原告张某是《鬼吹灯》系列小说第一部《鬼吹灯之精绝古城》（以下简称"原著"）的著作权人，涉案小说的财产权已通过转让协议等方式转让给第三方，随后第三方将原著改编成电影《九层妖塔》。原告认为，电影和海报并未给原著作者署名，只标注"根据小说《鬼吹灯之精绝古城》改编"，侵害了其署名权。其次，虽然被告获得了将其小说改编并摄制成电影的合法权利，但电影从情节到人物设置，甚至是背景设置都跟原著相差甚远，对原著"粉碎性"改编已经超出了必要的改动范围。原告认为，电影《九层妖塔》不尊重原著，进行肆意改动，侵犯了其保护作品完整权，同时也给其造成了极大的精神损害。

【判决结果】

北京市西城区人民法院（以下简称"一审法院"）认为，判断电影《九层妖塔》是否侵犯原告张某的署名权，应当综合考虑以下因素：法律明确规定改编作品行使著作权时不得侵犯原作品的著作权；《著作权法》并没有对改编作品为原著作者署名作出特殊规定；标明作品名称并不等同于为作者署名。保护作品完整权的意义在于保护作者的名誉、声望以及维护作品的完整性，但由于保护作

品完整权具有高度抽象性特征，因此，对于该项权利的控制范围、具体边界的确定，不能一概而论，而应综合考察使用作品的权限、方式、原著的发表情况以及被诉作品的具体类型等因素。

综上，一审法院根据《中华人民共和国合同法》《中华人民共和国侵权责任法》《中华人民共和国著作权法》《中华人民共和国著作权法实施条例》《中华人民共和国民事诉讼法》之相关规定，判决：被告Z公司、被告M公司、被告L公司、第三人H公司在传播电影《九层妖塔》时署名"天下霸唱"为电影《九层妖塔》的原著小说作者，并向原告张某公开赔礼道歉、消除影响，并驳回了原告张某的其他诉讼请求。

【案例解析】

署名权，即表明作者身份，在作品上署名的权利。作者有权署名，也有权不署名；有权署真名，也有权署假名。在作品上署名的主要目的是建立作者与作品之间的联系，起到区分此作品与彼作品的作用。在本案中，虽然电影《九层妖塔》在片头标明"根据小说《鬼吹灯之精绝古城》改编"，但作品名称不等同于作者姓名，显示作品名称也不等同于为作者署名。

电影改编的边界在哪？影视界对此一直存在着"忠实说"和"自由说"两种主要观点。"忠实说"认为改编行为应忠于原著的情节结构和人物设计，最大程度地再现原著的思想风格和人物情节；"自由说"则认为，原著只是起点，改编者应根据自己的理解对原著进行取舍和变化，创造出新的作品。

作品是作者思想的外现与反映，是作者人格的外化与延伸，保护作品完整权的主要意义就在于维护作者的尊严和人格，防止他人对作品贬损丑化以损害作者的声誉。因此，《九层妖塔》是否损害了原著作者的声誉，也应当结合具体作品，参照一般社会公众的评价进行具体分析。在当事人对著作财产权转让有明确约定、法律对电影作品改编有特殊规定的前提下，司法应当秉持尊重当事人意思自治、尊重创作自由的基本原则，不能简单依据电影"是否违背作者在著作中表达的原意"这一标准进行判断，也不能根据电影"对原著是否改动、改动多少"进行判断，而应注重从客观效果上进行分析改编后的电影作品是否损害了原著作者的声誉。考虑到电影行业上百年的改编历史和电影产业当下的发展现实，亦应充分尊重合法改编者的创作自由和电影作品的艺术规律，促进文化的发展与繁荣，满足社会公众的多元化文化需求，使利益各方共同受益、均衡发展。

（张雪松　中伦律师事务所知识产权部合伙人、顾问）

十二、温某诉W公司侵害作品改编权及不正当竞争纠纷案

——武侠题材游戏侵害在先文学作品改编权的判断尺度

【生效裁判文书案号：（2015）海民（知）初字第32202号】

【案情简介】

原告温某系"四大名捕"系列武侠小说作者，该系列小说与多位知名武侠作家创作的武侠小说齐名。"诸葛正我""无情""铁手""追命"及"冷血"系贯穿上述系列小说的灵魂人物。温某诉称，2012年10月，W公司开发的卡牌手机网络游戏《大掌门》上线，该游戏趁2014年8月由其作品改编的电影《四大名捕大结局》上映之际，将"诸葛正我""无情""铁手"等人物改编成大掌门游戏人物，并作为噱头广为宣传。温某认为，W公司未经许可将文学作品人物改编为游戏人物，侵害了其享有的作品改编权，其行为同时构成擅自使用其知名作品特有名称"四大名捕"的不正当竞争行为，故请求判令W公司停止侵权、赔礼道歉、消除影响、赔偿损失及合理费用共计500万元。

【判决结果】

北京市海淀区人民法院（以下简称"一审法院"）认为，W公司开发经营的《大掌门》游戏，通过游戏界面信息、卡牌人物特征、文字介绍和人物关系，表现了温某"四大名捕"系列小说人物"无情""铁手""追命""冷血"及"诸葛先生"的形象，是以卡牌类网络游戏的方式表达了温某小说中的独创性武侠人物，侵犯温某

创作的"四大名捕"系列小说的改编权。一审法院依照《中华人民共和国著作权法》第十条第一款第（十四）项、《中华人民共和国反不正当竞争法》第五条第（二）项之规定，判决W公司就本案侵权行为为原告温某消除影响，赔偿原告温某经济损失及合理开支共计80万元。

【案例解析】

根据我国《著作权法》的规定，改编权，即改变作品，创作出具有独创性的新作品的权利。改编权是著作权人一项重要的财产权利，著作权人有权自行改编作品或授权他人改编作品，除法律另有规定外，他人未经著作权人许可改编作品的行为构成侵权。通常而言，理解改编权，需要考虑以下三个方面：一是改编权的行使应以原作品为基础；二是改编行为是进行独创性修改而创作出新作品的行为；三是改编涉及的独创性修改可以是与原表达相同方式的再创作，如将长篇小说改编为短篇小说，也可以是与原表达不同方式的再创作，如将小说改编为美术作品或电影。本案中，W公司开发经营的《大掌门》游戏，通过游戏界面信息、卡牌人物特征、文字介绍和人物关系，表现了温某"四大名捕"系列小说人物"无情""铁手""追命""冷血"及"诸葛先生"的形象，以卡牌类网络游戏的方式表达了温某小说中的独创性武侠人物，满足以上三个方面的要求，W公司的行为，属于对温某作品中独创性人物表达的改编。该行为未经温某许可且用于游戏商业性运营活动，侵害了温某对其作品所享有的改编权。此外，我国1999年《反不正当竞争法》第五条第（二）项规定，经营者不得擅自使用他人知名商品特有名称、包装、装潢，或者使用与知名商品近似的名称、包装、装潢，造成和他人的知名商品相混淆，使购买者误认为是该知名商品的行为。《大掌门》游戏中的四个涉案人物名称为"神捕无情""神捕铁手""神捕追命"和"神捕冷血"，且对应温某小说的"四大名捕"人物，因此，W公司仅在这些人物卡牌中标注"四大神捕"，未以显著性字体予以展示，是对这四个卡牌人物身份所作的描述性使用。《反不正当竞争法》在知识产权保护中主要发挥两个方面的作用：在传统知识产权法不能提供直接救济时，《反不正当竞争法》具有补充作用，填补知识产权保护上的空白；虽然传统知识产权法可以提供保护，但如果这种保护不够充分，运用《反不正当竞争法》进行调整可使这一问题得到妥善解决。本案中，依据《著作权法》，温某的权利已经得到了充分的救济，故不再适用《反不正当竞争法》进行保护。

（张雪松　中伦律师事务所知识产权部合伙人、顾问）

十三、张某与H出版社著作权权属、侵权纠纷案

——美术作品侵害文学作品改编权的认定标准

【生效裁判文书案号：（2011）一中民终字第9049号】

【案情简介】

原告张某是长篇小说《第二次握手》的作者和著作权人，2007年12月，H出版社在原告毫不知情的情况下，擅自将原告1979年版长篇小说《第二次握手》改编成连环画并以《名家老版连环画·关庆留专辑》的方式出版发行，且未给原告署名。该连环画出版发行三年以来，被告以各种方式向全国征订，在全国多家网络销售，未向原告支付任何报酬。原告认为被告的行为侵犯了原告的署名权、改编权、获得报酬权，请求法院判令被告停止侵权行为，并向原告赔礼道歉，赔偿精神损失赔偿金及经济损失。

【判决结果】

北京市西城区人民法院认为，H出版社只经过改编作品著作权人、连环画绘制者关庆留的许可，未取得原作品著作权人张某的许可，侵犯了原告张某依法享有的改编权，应当承担停止侵害，赔偿损失的民事责任。同时，H出版社出版改编作品未给原作品著作权人张某署名，侵犯了原告的署名权，应当承担赔礼道歉的民事责任，故依据《中华人民共和国著作权法》第十条第一款第二项、第十四项，第十一条，第十二条，第三十五条，第四十七条第六项、第十一项，第四十九条；《中华人民共和国侵权责任法》第二十二条；《最高人民法院关于审理著作权民事纠纷案件适

用法律若干问题的解释》第二十五条第二款之规定，判决：H出版社停止出版发行《名家老版连环画·关庆留专辑》，向原告张某赔礼道歉，并赔偿张某经济损失及合理开支共计10.2万元及损害抚慰金3万元。

【案例解析】

《著作权法》第十条第一款第（十四）项规定，改编权是"改变作品，创作出具有独创性的新作品的权利"。第四十七条第（六）项规定，未经著作权人许可，以改编方式使用作品，属于侵权行为，但本法另有规定的除外。可见《著作权法》意义上的改编是指在保留原作品基本表达的基础上，通过改变作品的表现形式等方式，创作出具有独创性的新作品，经改编而形成的新作品为改编作品。改编权赋予著作权人控制改编作品的商业性使用的权利。未经许可改编他人作品，如果供个人学习和欣赏，属于合理使用的范畴；但未经原作品著作权人许可，出版发行改编作品，则属于侵犯改编权的行为。由于具体的故事情节属于小说的基本表达，用连环画的形式将具体故事情节加以再现属于对小说中表达的使用，故将小说绘制成连环画属于《著作权法》意义上的改编行为，产生的新作品连环画为改编作品。《著作权法》第三十五条规定，出版改编、翻译、注释、整理、汇编已有作品而产生的作品，应当取得改编、翻译、注释、整理、汇编作品的著作权人和原作品的著作权人许可，并支付报酬。本案中，被告H出版社出版《第二次握手》连环画应当取得原作品著作权人即小说《第二次握手》作者张某的许可，H出版社只经过改编作品著作权人、连环画绘制者关庆留的授权，未取得原作品著作权人张某的许可，侵犯了原告张某依法享有的改编权，应当承担停止侵害，赔偿损失的民事责任。《著作权法》第十条第一款第二项规定了署名权，即表明作者身份，在作品上署名的权利。被告出版改编作品未给原作品著作权人张某署名，侵犯了原告的署名权，应当承担赔礼道歉的民事责任。

精神损害抚慰金是指受害人或者死者近亲属因受害人的生命权、健康权、名誉权、人格自由权等人格权利益遭受不法侵害而导致其遭受肉体和精神上的痛苦、精神反常折磨或生理、心理上的损害而依法要求侵害人赔偿的精神抚慰费用。张某为创作小说《第二次握手》倾注了极大的心血，从初稿完成到首次出版，历时十六年，其间多次重写，历尽艰辛。被告明知原著作者为张某而未给其署名，其侵犯原告署名权的行为情节严重，仅公开赔礼道歉不足以抚慰其给原告造成的精神伤害，故被告应向原告支付相应的精神损害抚慰金。

（张雪松　中伦律师事务所知识产权部合伙人、顾问）

十四、北京Y公司与孟某著作权许可使用合同纠纷案
——对专有出版权重复授权构成违约

【生效裁判文书案号：（2012）朝民初字第00189号】

【案情简介】

2010年6月，Y公司与孟某签订一份《著作权许可使用合同》，合同约定孟某将拥有合法权利的文字作品《薄暮晨光》的出版权和发行权授权Y公司，并保证作品不存在权利瑕疵。此后经孟某同意，Y公司授权W出版社出版《薄暮晨光》一书。《薄暮晨光》出版后因版权纠纷，法院判决W出版社赔偿经济损失及合理费用23万元并负担了一审和二审诉讼费7125元。2011年7月W出版社提出仲裁，要求Y公司承担237125元的经济损失并负担仲裁费14035元。为处理上述争议，Y公司支付了律师费等合理费用2万元。Y公司认为，上述损失均系因为孟某的瑕疵授权导致，故诉至法院，请求判令孟某赔偿其经济损失。被告孟某辩称：第一，Y公司明知我已经将《薄暮晨光》一书的专有出版权授予G公司，仍然怂恿我签订合同授权W出版社出版。Y公司看到了G公司对《薄暮晨光》一书的宣传后主动联系了我。一方面，Y公司以提高印数对我进行利诱，另一方面Y公司又告诉我，只要给G公司发份律师函，就可以解除之前的合同。我轻信了Y公司，在给G公司发出解除合同的律师函后，我才与Y公司签订了涉案《著作权许可使用合同》。第二，我出具的授权书不是我真实意思表示。该授权书是Y公司打印好以后让我签字的。第三，没有证据显示Y公司已经实际赔偿，且Y公司主

张的律师费属于非必要支出。综上，不同意Y公司的诉讼请求。

【判决结果】

北京市朝阳区人民法院认为，孟某将作品《薄暮晨光》授权Y公司独家复制发行，就应当保证作品《薄暮晨光》权利无瑕疵。此前，孟某已经将作品《薄暮晨光》专有出版权许可给了G公司，在此项许可尚未解除的情况下，孟某又对Y公司作出同样内容的许可，授权存在瑕疵。就重复授权行为，孟某违反了权利瑕疵担保的责任，构成违约，应当承担赔偿Y公司经济损失的违约责任。同时，孟某作出上述瑕疵许可之前，G公司已经在孟某公开出版的多部图书和宣传资料中数次提到即将出版《薄暮晨光》一书。作为专业图书出版公司，Y公司在与孟某签订《著作权许可使用合同》之前，应当要了解孟某已经出版作品的情况，其有能力也应当看到G公司对出版《薄暮晨光》图书的预告。此时Y公司依然与孟某签订《著作权许可使用合同》并授权W出版社出版了《薄暮晨光》一书，其主观上对损失的发生存在放任的过错，考虑到Y公司对上述损失的发生存在过错，故酌情确定扣减一半的损失赔偿额，依据《中华人民共和国合同法》第一百零七条之规定，判决被告孟某赔偿原告Y公司经济损失118562.5元，并驳回原告Y公司的其他诉讼请求。

【案例解析】

著作权人的各项权利依法受到保护，但是著作权人在行使法律赋予的权利的同时，其自身也应该遵守法律相关规定。《著作权法》第二十四条规定：使用他人作品应当同著作权人订立许可使用合同，本法规定可以不经许可的除外。许可使用合同包括下列主要内容：（一）许可使用的权利种类；（二）许可使用的权利是专有使用权或者非专有使用权；（三）许可使用的地域范围、期间；（四）付酬标准和办法；（五）违约责任；（六）双方认为需要约定的其他内容。在本案中，孟某将作品《薄暮晨光》授权 Y 公司独家复制发行，就应当保证作品《薄暮晨光》权利无瑕疵。此前，孟某已经将作品《薄暮晨光》专有出版权许可给了 G 公司，在此项许可尚未解除的情况下孟某又对 Y 公司作出同样内容的许可，授权存在瑕疵。就重复授权行为，孟某违反了权利瑕疵担保的责任，构成违约，应当承担赔偿 Y 公司经济损失的违约责任。

（张雪松　中伦律师事务所知识产权部合伙人、顾问）

十五、杨某与 B 出版社出版合同纠纷案
——使用作品付酬标准约定不明时应
如何确定稿酬支付标准

【生效裁判文书案号：（2016）湘 03 民初 27 号】

【案情简介】

原告杨某经过七年创作完成长篇小说《别让鱼得水》，原告作为作者对该作品享有著作权。2012 年 12 月 8 日，杨某与被告 B 出版社签订《图书补贴出版合同》，被告以弥补图书出版时出现亏损为由，要求原告提供补贴款 2.5 万元，原告依约将款项付至被告账户后至今，被告没有将亏损的相关依据交给原告。现原告在互联网上发现其作品在网络上出售、登载，且该书早已缺货或者即将缺货，不少网店以高于定价数倍的价格销售该书，原告认为被告远不止印刷 3000 册，在此期间被告并未告知原告也未取得原告同意私自加印，并将该书在网络上出售、登载，也没有将出售、登载的相关报酬给原告，原告认为被告的行为已侵犯了其对作品《别让鱼得水》享有的使用权和获酬权。

【判决结果】

湘潭市中级人民法院认为，本案的争议焦点为：一、被告 B 出版社是否要向原告杨某支付电子书报酬；二、被告 B 出版社是否需向原告杨某支付纸质书报酬；三、原告杨某要求被告 B 出版社支付调查取证等合理费用 500 元的诉讼请求，能否得到支持。本案中原被告双方虽然约定了 B 出版社对作品的数字出版（包括但不限于信

息网络传播权）行使专有使用权及其转授权，但并未对数字出版的付酬方式和标准进行约定。被告B出版社在书面答辩状中自认对《别让鱼得水》作品行使了数字出版使用权，故被告B出版社应参照国家版权局、国家发展和改革委员会《使用文字作品支付报酬办法》中的上述规定向原告杨某支付该作品数字出版报酬，依照《中华人民共和国著作权法》第二十八条、第三十条，《最高人民法院关于民事诉讼证据的若干规定》第二条，《中华人民共和国民事诉讼法》第一百四十四条之规定，判决：被告B出版社支付原告杨某作品《别让鱼得水》数字出版报酬3.9万元，并驳回原告杨某的其他诉讼请求。

【案例解析】

《中华人民共和国著作权法》第三十条规定，图书出版者出版图书应当和著作权人订立出版合同，并支付报酬。第二十八条规定，使用作品的付酬标准可以由当事人约定，也可以按照国务院著作权行政管理部门会同有关部门制定的付酬标准支付报酬。当事人约定不明确的，按照国务院著作权行政管理部门会同有关部门制定的付酬标准支付报酬。国家版权局、国家发展和改革委员会《使用文字作品支付报酬办法》第二条规定，除法律、行政法规另有规定外，使用文字作品支付报酬由当事人约定；当事人没有约定或者约定不明的，适用本办法。该办法第五条规定，基本稿酬和计算方法：（一）原创作品：每千字80-300元，注释部分参照该标准执行。……第九条规定，使用者未与著作权人签订书面合同，或者签订了书面合同但未约定付酬方式和标准，与著作权人发生争议的，应当按本办法第四条、第五条规定的付酬标准的上限分别计算报酬，以较高者向著作权人支付，并不得以出版物抵作报酬。本案中，《图书补贴出版合同》第十三条中并未对数字出版的付酬方式和标准进行约定，而被告B出版社在书面答辩状中自认对作品《别让鱼得水》行使了数字出版使用权，故被告B出版社应参照国家版权局、国家发展和改革委员会《使用文字作品支付报酬办法》中的上述规定向原告杨某支付该作品数字出版报酬。

此外，《最高人民法院关于民事诉讼证据的若干规定》第二条规定，当事人对自己提出的诉讼请求所依据的事实或者反驳对方诉讼请求所依据的事实有责任提供证据加以证明。没有证据或者证据不足以证明当事人的事实主张的，由负有举证责任的当事人承担不利后果。本案中，原被告双方签订的《图书补贴出版合同》第十条约定"上述图书出版后，如需重印，乙方应及时通知甲方，并支付甲方一定的稿酬"。原告杨某并未提供证据证明被告B出版社对该作品进行了重印，故其应承担举证不能的不利后果。

（张雪松　中伦律师事务所知识产权部合伙人、顾问）

十六、贾某与F广播电台著作权权属纠纷案

——广播电台法定许可的认定以及是否应当为原作者署名

【生效裁判文书案号：（2015）京知民终字第122号】

【案情简介】

原告贾某为《贾某说春秋》的著作权人，被告F广播电台未经其许可，基于该作品制作了广播《听世界春秋》，并在FM94.6及FM92.4两个频道连续播出两年，随后又授权他人以DVD形式出版《听世界春秋》广播内容，在广播节目及发行销售的光盘中均未给原告署名。贾某认为F电台侵犯了作者的改编权及署名权，而F电台认为广播行为属于法定许可，其行为仅仅侵犯了原告的获得报酬权。

【判决结果】

北京市东城区人民法院（以下简称"一审法院"）认为，F电台在使用权利图书的过程中未给贾某署名，且对权利图书的改动使用明显已超过适度的范围，故F电台的行为不适用《著作权法》第四十三条第二款有关播放他人作品的法定许可的规定，应就其侵权行为承担侵权责任，依照《著作权法》《最高人民法院关于审理著作权民事纠纷案件适用法律若干问题的解释》之相关规定，判决F电台销毁库存的音像出版物《听世界春秋》，赔偿贾某经济损失55万元以及精神损害抚慰金2万元，并就涉案侵权行为刊登致歉声明。F电台不服原审判决，向北京知识产权法院（以下简称"二审法院"）提起上诉。二审法院经审理认为，F电台播放《听世界春秋》节目，没有给作者贾某署名，且增加了新的内容，产生了新的

作品。这种改动已不仅仅是出于播放的需要，已经构成对贾某作品的改编，故F电台播放《听世界春秋》节目的行为不符合法定许可的规定，构成对贾某著作权的侵犯。F电台未经贾某许可大比例使用了《贾某说春秋》的内容，并同时在两个频道播放侵权节目《听世界春秋》长达两年多之久，亦从未给作者贾某署名，其侵权情节严重、主观恶意明显。一审法院有关民事责任认定并无不当，故二审法院判决驳回上诉，维持原判。

【案例解析】

本案中，法院不仅明确了法定许可与著作权侵权的界限，更深度解释了法定许可制度的相关意义。《著作权法》第四十三条第二款规定，广播电台、电视台播放他人已发表的作品，可以不经著作权人许可，但应当支付报酬，该条是对广播电台播放已发表作品的法定许可的规定。《著作权法》对此予以规定的目的是将已发表作品更广泛地传播，降低社会公众使用作品的成本。可见，播放已发表作品的法定许可是著作权人为公共利益对其权利作出一定的让渡，是对著作权人专用权利的一种限制。这种限制本身要求不能以损害著作权人的根本利益为前提，即广播电台在使用已发表作品时，不能侵害著作权人的其他权利，以让著作权人的权利所受损害程度最小化。为了避免损害著作权人的根本利益，让著作权人利益不致受到过大损害，广播电台对于作品的使用应当尊重原作。任何对他人作品的使用都应为作者署名，表明作者的身份，这是《著作权法》的基本要求与应有之意，在法定许可情况下使用他人作品也应尊重作者的此项权利。《著作权法》第二十二条关于教科书法定许可的规定亦要求教科书的编纂者必须充分尊重作者的精神权利，指明作者的姓名，此规定的精神同样适用于播放已发表作品的法定许可。因此，即便《著作权法》第四十三条第二款没有明确规定要给作者署名，但法定许可本身蕴含了署名的要求，署名是构成法定许可的要件之一。在本案中，F电台播放《听世界春秋》节目，没有给作者贾某署名，且增加了新的内容，产生了新的作品，这种改动属于对贾某作品的改编，侵害了贾某的著作权。

（张雪松　中伦律师事务所知识产权部合伙人、顾问）

十七、陈某与J出版社著作权侵权案
——职务作品著作权的归属是否适用推定
【生效裁判文书案号:(2009)民监字第361号】

【案情简介】

原告陈某在J出版社第一编辑室从事图书编辑工作期间,作为责任编辑参与了《跨世纪万年历》等图书(以下简称"涉案图书")的搜集、整理等劳动。涉案图书均为汇编作品,由J出版社策划选题,并安排第一编辑室汇编,涉案图书上的署名"靳一石"是J出版社第一编辑室集体署名方式。

J出版社在《关于对编辑实行量化考核的暂行规定》《关于在编辑人员中实行激励机制的暂行办法》等文件中规定了编辑图书工作量计算方式及相应酬金、奖励模式。陈某接受了J出版社对涉案图书按上述规定并实际领取了相应的酬金、奖励。在1999年至2007年涉案图书编写及出版发行期间,陈某并未向J出版社提出过著作权问题和稿酬问题。J出版社的上述文件还规定经过出版社领导同意或授意,责任编辑可自己编写相应图书。

陈某认为其是九本涉案图书的编著者,涉案图书版权应该归其所有,J出版社出版涉案图书侵害其著作权,需要向其支付稿酬,遂诉至法院。

【判决结果】

一审和二审法院审理后认为涉案图书系职务作品,涉案图书的著作权应由J出版社享有。J出版社出版涉案图书未侵害陈某的著作权，也不需要向陈某支付稿酬。陈某以一审和二审法院认定事实和适用法律错误为由，向最高人民法院申请再审。

最高人民法院审查再审申请后认为，涉案作品均是陈某为完成单位工作任务而汇编的职务作品。根据J出版社相关内部规定，出版社不需要向编写此类书稿的编辑支付额外稿酬，出版社与编辑之间以特定的方式约定了此类书稿著作权的归属，即编辑对这种书稿不得主张除署名权以外的著作权。按照《中华人民共和国著作权法》第十六条第二款的规定，涉案图书的著作权应由J出版社享有，J出版社出版涉案图书未侵犯陈某的著作权，也不需要向陈某支付稿酬。原审判决认定事实基本正确，判决结果并无不当。陈某的再审申请不符合2007年《中华人民共和国民事诉讼法》第一百七十九条第一款规定的情形，依照2007年《中华人民共和国民事诉讼法》第一百八十一条第一款之规定，裁定驳回陈某的再审申请。

【案例解析】

本案涉及职务作品著作权的归属问题。

虽然本案涉案作品创作完成在2002年至2008年期间，应当使用2001年《中华人民共和国著作权法》，但关于职务作品的规定，现行《著作权法》并没有对2001年《著作权法》做出修改，两部法律条文一致。

2001年《著作权法》第十六条规定：公民为完成法人或者其他组织工作任务所创作的作品是职务作品，除本条第二款的规定以外，著作权由作者享有，但法人或者其他组织有权在其业务范围内优先使用。作品完成两年内，未经单位同意，作者不得许可第三人以与单位使用的相同方式使用该作品。有下列情形之一的职务作品，作者享有署名权，著作权的其他权利由法人或者其他组织享有，法人或者其他组织可以给予作者奖励：（一）主要是利用法人或者其他组织的物质技术条件创作，并由法人或者其他组织承担责任的工程设计图、产品设计图、地图、计算机软件等职务作品；（二）法律、行政法规规定或者合同约定著作权由法人或者其他组织享有的职务作品。

根据本条规定，所谓"职务作品"是指公民为完成法人或者其他组织工作任务所创作的作品。职务作品在一般情况下，由作者享有著作权，法人或者其他组织有权在其业务范围内优先使用。但是，如果作品属于工程设计图、产品设计图、地图、计算机软件等功能性实用作品并且主要是利用法人或者其他组织的物质技术条件创作完成，或者法律、行政法规规定或者合同就著作权归属做出了特殊约定，那么在以上两种情况下，该职务作品的著作权由法人或者其他组织享有。

在本案中，涉案作品是由陈某为完成J出版社安排的任务而编排创作，属于职务作品。首先，本案涉案作品不属于工程设计图、产品设计图、地图、计算机软件这类功能性实用作品。其次，根据本案中J出版社内部制度，出版社不向陈某支付除了基本劳动报酬外的其他报酬。在1999年至2007年涉案图书编写及出版发行期间，陈某并未向J出版社提出过著作权问题和稿酬问题。根据当事人在这段时期的实际行为，可以推定双方都同意涉案作品著作权由J出版社享有。依照2001年《著作权法》第十六条第二款，陈某仅能就本案涉案作品主张署名权，其他著作权则由J出版社享有。

（张雪松　中伦律师事务所知识产权部合伙人、顾问）

专家说法

改编作品著作权的权利范围及权利行使探析

改编作品是一个独立的新作品，其著作权由改编人享有。但由于改编作品是在原作品的基础上通过改变作品创作而成，该作品与原创作品在著作权的权利范围以及权利行使方式方面基于合同约定及法律规定而存在不同。目前 IP 产业正处于高速发展期，通过版权的转让、许可等方式获得原创作品的改编权进而创作出衍生作品成为该行业普遍的做法，由于合同约定的缺陷以及对法律的认识存在差异使得因改编权产生的矛盾凸显，纠纷不断。本文将结合相关案例，尝试分析改编作品著作权的权利范围及其行使方式，以期能够给相关行业提供借鉴。

一、改编作品的权利范围受制于其取得权利的基础范围

改编作品的创作需要通过改编权的行使来获得，这由《著作权法》明确规定。我国《著作权法》第十条规定，改编权是改变作品，创作出具有独创性的新作品的权利。他人对原作品进行改编从而获得改编作品除符合合理使用的条件外，必然需要取得原作品权利人授权或转让的改编权。虽然《著作权法》中对于改编权的界定是通过其内涵释义进行明确，但实践中，改编权一般通过改编方式的不同分别进行行使，或者依据改编作品的形态不同进行划分，例如，可分为话剧改编权、电影改编权、小说改编权等。对于原创作品而言，著作权人

享有完整的改编权，可依据不同的标准对外授权或者转让。但从总体上来讲，版权交易市场中改编权的转移一般是通过许可授权和转让两种方式进行。

（一）通过许可使用合同方式取得改编权的权利范围

按照《著作权法》的规定，著作权中的财产权项可以通过许可使用和转让的方式由他人行使。原作著作权人通过许可使用合同许可他人使用对其原作作品的改编权时，应当做出明确的约定。我国《著作权法》第二十四条规定了著作权许可使用合同的主要内容，双方当事人应当在合同中约定许可使用的权利种类、许可使用的权利性质、许可使用的地域范围和期间等。这样的许可使用合同内容仅为普通许可合同中应该具有的基本内容，并没有考虑到改编权许可的特殊性，即改编权经许可他人行使后将产生新作品并享有著作权的问题。例如，在改编权许可使用合同中约定改编权行使的地域范围和期间，这个约定是仅限定为改编权行使的地域范围和期间，还是能够制约改编作品的权利行使的地域范围和期间？在合同中仅约定改编权许可，基于改编创造的新作品没有做任何约定的情况下，新作品权利人能否独立行使其著作权？这些问题如果在合同中没有明确约定，将导致改编作品的权利范围不明确，为纠纷产生留有隐患。例如，在《白小丁的尴尬生活》案中，根据《〈白小丁的尴尬生活〉文学剧本转让合同》的约定，茂志娱乐公司授予天寰向日葵公司，并向天寰向日葵公司提供原作者授权以及茂志娱乐公司享有转授权的文件，天寰向日葵公司不得超越茂志娱乐公司授权以外对该剧本进行处置。而茂志娱乐公司的权利来源于茂志广告公司，高满堂仅将剧本《白小丁的尴尬生活》的拍摄、改编以及转让的权利授予茂志广告公司，即茂志广告公司仅享有自行拍摄、改编该剧本的权利以及将该拍摄、改编的权利让渡给他人行使的权利。茂志娱乐公司经授权取得的相关权利也不能超出授权方茂志广告公司的权利范围，因此，茂志娱乐公司无权行使剧本《白小丁的尴尬生活》除摄制权、改编权以外的其他著作权权项。由于天寰向日葵公司已知晓茂志娱乐公司享有的权利范围，因此，该合同约定的茂志娱乐公司将"剧本版权转让给甲方（包括拍摄电视剧、录像及衍生产品等）"，应当理解为天寰向日葵公司按照合同的约定专有行使该剧本的摄制权及改编权。天寰向日葵公司与高满堂等订立的《电视剧文学剧本创作协议书》也不能证明其已经取得剧本《白小丁的尴尬生活》的著作权。由此可见，合同范围决定权利范围，合同未做出明确约定的权利仍然保留在著作权人手中。

（二）通过转让合同方式取得改编权的权利范围

《著作权法》第十条第三项规定，著作权人可以全部或者部分转让著作权项中的财产权项给他人，并依照约定或者本法有关规定获得报酬。第二十五条规定转让著作权中财产权应订立书面合同，约定转让作品的名称、转让的权利种类、地域范围、转让价金、支付转让价金的日期和方式等。一般而言，转让合同中不应有期限的约定，但实践中却往往会出现约定转让期限的改编权转让合同。例如，在《皇粮胡同十九号》案中，依据《关于长篇小说〈皇粮胡同十九号〉的电视剧版权转让合同书》中的约定，手塚桃子将《皇粮胡同十九号》华语电视剧的改编使用权转让给文采公司，但又约定自签约日起至《皇粮胡同十九号》剧开拍，文采公司拥有两个半自然年的著作改编权。该份合同是附条件的转让合同还是附期限的许可合同成为纠纷产生的根源，影响着改编作品的权利范围。笔者认为，在改编权转让合同中如果有期限的约定则名为转让实为许可授权。改编权转让合同中转让的就是其所享有改编权的法定期限中的剩余期间内的权利。此外，判断合同的性质不应以合同的名称而定，应根据合同约定的法律关系的性质具体认定。在《白小丁的尴尬生活》案中，《〈白小丁的尴尬生活〉文学剧本转让合同》虽然名称为"剧本转让合同"，但根据《〈白小丁的尴尬生活〉文学剧本转让合同》的约定，茂志娱乐公司在合同生效之日起两年内不得自行行使或授权他人行使该剧本的摄制权和改编权，且天寰向日葵公司行使摄制、改编的权利应当在合同签署之日起两年内完成。天寰向日葵公司仅在合同生效之日起两年内享有摄制、改编该剧本的权利。因此，根据《〈白小丁的尴尬生活〉文学剧本转让合同》，茂志娱乐公司并非转让相关权利，而是许可天寰向日葵公司在自合同生效之日起两年的期限内行使相关权利。

此外，由于改编形式多样，一般会依据改编的具体形式转让改编权，如果没有明确改编形式，则应视为转让全部改编权。同时，改编权一经转让，原著作权人即不再享有改编权，当然也不能再对外转让。此外，在改编权转让合同中地域范围的约定作何解释则应在合同中明确，否则又会产生改编权行使的地域范围和改编作品行使权利的地域范围两种理解，而且还会出现基于不同地域而转让改编权的情形。

我国《著作权法》对于著作权许可合同和转让合同仅做了一般

性规定，对于改编权这种能够产生新作品的权利来讲，因为涉及到原作品著作权和新作品著作权的问题，在合同中应该将改编权涉及的范围及新作品权利范围进行明确约定，否则会导致纠纷产生并影响原作品和新作品各自权利的行使。

二、改编作品享有单独著作权但并不能独立行使著作权

无论是通过授权许可还是转让取得的改编权，经过行使后产生的改编作品都享有单独的著作权。但是，改编作品的著作权行使并不独立，其仍受原作品的著作权控制。

《著作权法》第十二条规定，改编已有作品而产生的作品，其著作权由改编人享有，但行使著作权时不得侵犯原作品的著作权。《伯尔尼公约》第二条第三款中亦规定改编以及对文学或艺术作品的其他变动应得到与原作同等的保护，但不得损害原作的版权。改编作品蕴含了改编人的技巧并付出了创造性劳动，其采用改变原作品形式的方法使他完全与原作品作者一样被看成是作者，同样，改编后的新作品享有单独于原作品的著作权。但行使权利时又以不损害原作品著作权为限，因为给予改编作品著作权保护仅涉及改编者的原创贡献，改编作品的著作权不影响原作品的著作权。

司法实践中一般认为"行使著作权时不得侵犯原作品的著作权"意味着行使著作权时需取得原作品著作权人的许可。实践中主要存在以下问题，改编作品著作权人行使权利时是否一律需要再取得原作品权利人的许可，改编作品著作权人对外授权或许可改编作

品的著作权中的财产权利是否还需要取得原作品权利人的许可以及合同相对方行使其取得的相关权利时是否还需要再取得原作品权利人的许可等。

（一）改编作品著作权人行使权利时并非一律需要取得原作品权利人的许可

对于这个问题的回答涉及到对于改编与复制关系的理解以及不同国家法律的规定。认为改编是一种复制形式的，则原作者应当有权阻止对其作品的改编获得利益，一些国家的法律采取这种立场。例如，在法国，认为原作作者与改编作品作者同时享有并行的权利。但如果认为改编与复制存在差别，则法律后果就不确定，除非法律明示或默示地将控制对原作作品的改编作品进行进一步利用的权利授予原作作者。英国、美国和德国采用这样的做法，授予原作作者就其作品的改编享有单独的权利。①从《伯尔尼公约》第十二条规定可以推导出的结论是"公约"只要求联盟各成员保护改编权本身，而并没有另外要求联盟各成员对改编享有利用的权利。因此，授予原作著作权人对改编享有哪些权利，将由国内法来确定。

从我国《著作权法》来讲，改编作品享有单独且完整的著作权，任何人不得干涉其行使。但由于改编作品是在原作品的基础上进行的改编，其在行使著作权时不可避免地会涉及到对原作品内容的使用及原作著作权的影响，因此，法律中明确规定"行使著作

---

① 《国际版权与邻接权——伯尔尼公约及公约以外的新发展》（第二版），山姆·里基森、简·金斯伯格著，郭寿康、刘波林、万勇、高凌涵、余俊译，中国人民法学出版社出版，第574–575页。

时不得侵犯原作品的著作权"。但是，这并非意味着改编作品在行使著作权时一律需要取得原作著作权人的许可。鉴于改编权一般是通过合同方式取得，在合同中明确约定改编作品的行使方式、改编目的等内容时，基于实现改编目的而必然行使的相关著作权权项应视为在取得改编权时已经取得了原作著作权人的许可，改编作品著作权人可以基于合同径行行使相关权利。例如，在《皇粮胡同十九号》案中，原告主张其在合同中转让的仅为改编权，并不涉及摄制权，因此，被告无权基于其改编后的作品拍摄成电视剧。对此问题，法院对合同进行了体系解释和目的解释，从合同多处对"成品片名""片头注明""更改片名""完成片的著作权归属"及"向手塚桃子提供两套成品片光盘留作纪念"等内容做出的约定，合同一之补充协议亦明确约定，文采公司可依需求酌情确定电视剧的剧名，并即时告知手塚桃子，片头应明显标注"根据原著小说《皇粮胡同十九号》改编"字样。从上述表述可见，双方订立该合同的根本目的是将小说改编成剧本并拍摄成电视剧进而搬上荧屏，故原告手塚桃子转让的权利应当包括小说改编权和摄制权，其不包括摄制权的相关主张，法院不予支持。这与《伯尔尼公约》的精神是一致的，在《伯尔尼公约》第十四条第一款中规定作者对于以摄制电影的方法进行改编的作品享有表演和向公众有线传播的权利[1]。这意味着为实现改编作品而需要行使的权利应属于其改编作品可独立行使权利的范畴。同样，如果基于改编权转让合同取得小说的改编

---

[1] 《国际版权与邻接权——伯尔尼公约及公约以外的新发展》(第二版)，山姆·里基森、简·金斯伯格著，郭寿康、刘波林、万勇、高凌涵、余俊译，中国人民法学出版社出版，第575页。

权，改编后小说的著作权人可以独立行使复制权、发行权而无需再次取得原作著作权人的许可。但是，如果基于前述合同改编成小说后若想基于小说而再度改编成剧本并摄制成电影，则已经超出了原改编合同的内容及目的范围，其再次改编及摄制行为需要取得原作著作权人的同意。由此可见，改编权转让合同或者许可合同的约定内容及合同目的将直接影响改编后新作品著作权的行使。同时，关于改编后新作品的著作权人身权的行使应不受原作著作权的影响和限制，可以独立行使发表权、署名权、修改权和保护作品完整权。

（二）改编作品著作权对外授权或许可相关著作财产权时需取得原作著作权人同意

这个问题涉及两个层面，一是改编作品著作权人对外授权或许可改编作品著作权中的财产权利是否还需要取得原作品权利人的许可；二是合同相对方行使其取得的相关权利时是否还需要再取得原作品权利人的许可。对于第一个层面的问题，笔者认为，从《著作权法》的立法本意来讲，既然基于改编而产生的新作品享有著作权，那么，其对外授权或许可新作品中的著作财产权时是基于其自身的权利对外授权，无需征得原作著作权人同意。但这样的权利行使应仅限于其原创部分，对于原作部分内容其属于无权处分。这一点可以从《著作权法》第三十五条的规定中得到印证，该条规定"出版改编、翻译、注释、整理、汇编已有作品而产生的作品，应当取得改编、翻译、注释、整理、汇编作品的著作权人和原作品的著作权人许可，并支付报酬"，由此可见，出版改编作品不仅需要取得改编作品著作权人的许可还要取得原作品著作权人的许可。从法律规定的文字表述来看，这里取得许可的义务主体应为实施出版行为的主体，因此，可以推导出对改编作品行使相关权利时，实施主体负有向原作品著作权人取得许可的义务，而非改编作品的著作权人。同样，《伯尔尼公约》第十四条第二款规定，根据文学或艺术作品制作的电影作品以任何其他艺术形式改编，在不妨碍电影作品作者授权的情况下，仍须经原作者授权。基于文学作品改编的电影作品属于改编作品，在前者的基础上再进行其他艺术形式的改编，仍需要取得原作者授权，但不得妨碍改编作品的对外授权。

三、关于改编权授权或转让的一点建议

从版权交易的角度，建议通过合同明晰权利范围和行使方式。无论是《伯尔尼公约》还是我国《著作权法》关于权利的转让和许可都以尊重当事人的真实意思表示为首选，只有在合同未做明确约定时法律才介入。基于前述分析，改编权由于涉及到原作作品和改编作品两个作品及两个不同权利主体，各自的权利范围划分以及利益分配成为矛盾集中地带。建议当事人能够在改编权许可或转让合同中就新作品的权利范围和行使方式均做出具体规定，例如，在合同中明确约定原作品权利人授权和转让改编权后，基于改编创作的新作品的权利人享有著作权的范围且行使其著作权时无需再取得原著作权人许可，将改编作品基于行使权利而产生的利益通过改编权合同进行分配，以避免后续矛盾和纠纷。

（张玲玲　北京市高级人民法院民三庭法官）

解析抄袭承担的四种法律责任

抄袭行为，包括抄袭他人作品的全部或者部分，带有一定的隐蔽性。抄袭他人作品，属于侵犯他人著作权的行为。一般来说，对于实物财产被窃取，权利人比较容易发现，能够及时进行维权，而对于著作权这种无形财产被窃取则较难发现。在实践中，尽管对于抄袭行为的认定存在一定的难度，但并非无法可依。

曾有报道指出，四川省某医院宋某撰写的一篇论文遭到16个单位25人的6轮抄袭，一石激起千层浪，引起了人们对于抄袭现象的大讨论。《现代汉语词典》将抄袭解释为：把别人的作品或语句抄来当作自己的；指不顾客观情况，沿用别人的经验方法等。《著作权法》意义上的抄袭行为主要是指前者。抄袭行为已经成为现代学术的一个顽症，在损害权利人的利益的同时，也阻碍了文化、科学技术的发展。

一、 怎样认定抄袭

案例一：李先生创作了一个剧本，后将剧本给某导演审阅。导演审查后，称剧本的质量不合格，将剧本退还给李先生，李先生于是将剧本搁置起来。两年后，李先生发现市场上出现一个与其剧本非常相似的电视剧，不仅情节相似，而且剧中对白、台词都高度相似。李先生认为导演的行为侵犯了自己的著作权，将导演及摄制方告到法院，要求赔偿经济损失并赔礼道歉。后经法院调解，二被告赔偿原告经济损失1万元。

法官提示：原创作品属于智力劳动成果，应受法律保护。在抄袭侵权的案件中，权利人需要证明三个事实：自己是原作品的权利人；作品被抄袭者接触过；原作品与抄袭作品的相同或相似性。权利人须举证证明被侵权作品是自己原创的，原创性越高，受《著作权法》保护的程度越高，判赔的数额也越高。原创性及艺术、科技价值是衡量侵权赔偿额的一个重要标准。在认定接触可能性方面，如属公开发表的作品，一般认定他人可以接触到此作品；如属未公开发表的作品，只有少数人能够接触到，权利人须证明作品被抄袭者接触过，如曾投稿、阅览、复印等。此外，还需要判断原作品与抄袭作品的相同或相似性，相同作品的认定比较容易，即一字不差地加以使用，但对于相似性认定则比较复杂，须对比抄袭作品与被抄袭作品的表达方式是否一致、词语是否相近似等。

二、合理引用与抄袭的区别

案例二：黄先生在撰写毕业论文的过程中，遇到一个解决不了的关键问题，在查找资料时，发现在以前的某一论文中王先生已经就这个问题进行了论证，并且得出结论。于是黄先生将这段论述整体复制、粘贴到自己的论文中，为了掩盖自己的抄袭行为，黄先生没有做出脚注来指示该段论述来源于王先生。王先生发现后，认为黄先生的行为侵犯了自己的著作权，将黄先生诉至法院。庭审中，黄先生辩称自己的论文中仅部分引用王先生的观念，属于合理使用，不应认定为侵权。法院审理后认定黄先生故意隐匿作品的来源，将他人具有关键价值的观念据为己有，已经构成侵权。

法官提示：撰写论文及著作，如需引用他人作品，应标明哪些文字属于引用，且需要标明引用出处，包括作者、出版社、书名等。正常的引用行为是受《著作权法》保护的，属于合理使用。然而，合理引用也应当有一个度量，超过这个度可能构成抄袭。衡量是否构成抄袭应从主观和客观两个方面来进行，主观方面如在引用他人作品的时候是否故意不标明出处，不为他人署名，或者将他人已经总结的具有一定价值的观念据为己有等；从客观方面来看，从字数方面和段落方面也可以看出是否构成抄袭，如不加区分地大段引用他人文章，则有可能构成抄袭。

三、按照何种标准计算损失

案例三：牛先生系某大学社会学系教授，早年撰写过一本美学专著，在一次和朋友聊天时，朋友告知他的书被抄袭了。牛先生于是将抄袭的作者和出版社诉至法院，认为二者共同侵犯了自己的著作权，要求赔偿经济损失并赔礼道歉。该出版社在庭审中提出，侵权损失应当按照书本的实际字数计算，而不应按照封底的版面字数计算。法院审理后，认为该书是被整体抄袭的，应当按照该书的封底版面字数计算，驳回了出版社的答辩意见。

法官提示：在文字作品抄袭的问题上，很多人都认为应当按照实际的字数多少来计算损失。实际上，由于排版方式不一样，版面字数和实际字数存在误差。在审判实践中，大多按照版面字数来计算损失。但也有例外，即少量引用他人文章，采用个别段落不连续的方式进行抄袭的，或者论文中抄袭了他人的部分作品，针对这种侵权行为，还应当按照实际字数逐一统计。

四、出版商与销售商责任

案例四：江先生是一名作家，写作了一部小说。朱某抄袭后，以自己的名义发表，出版社出版后，在海淀图书城某书店出售。江先生发现后，在该书店购买了该侵权图书，并保留了发票和收据。后江先生将该书的作者、出版社和销售商告到法院，认为三者共同构成侵权行为。庭审中，江先生认为该书的销售商负有注意义务，应当承担连带赔偿责任，但销售商认为自己能够提供明确的进货渠道且该书是正规的出版物，不应当承担责任。最终，法院认定三被告构成侵权，朱某和出版社承担赔偿责任，销售商承担停止销售责任，驳回了江先生要求销售商赔偿的诉讼请求。

法官提示：在著作权侵权案件中，出版商与销售商都负有注意义务，但注意义务的高低程度不同。出版商对于他人的作品的审查义务较高，特别是一些专业的出版社，在出版作品的过程中，应当对出版物是否抄袭他人作品进行严格审查。如果出版社不能举证证明曾进行审查，一般与侵权作品的作者共同承担侵权责任。实践中有出版社以其与抄袭者关于著作权的约定来否定自身的责任，然而合同具有相对性，出版社与抄袭者的协议不能对抗第三人，也不能因此而免于承担侵权责任。销售商的注意义务较低，销售商如能提供合法的进货渠道，并且能够提供供货商的地址和联系信息，一般不承担赔偿责任，只需停止销售即可。

（郭振华　北京市海淀区人民法院民五庭副庭长）

移动互联时代背景下网络媒体侵害
著作权行为的规制

在移动互联时代，网络方便了人们的生活，丰富了信息获取的渠道，提高了信息获取的效率和便利性。在线阅读已经成为一种常见的阅读方式。但由此带来的负面效果是，网络媒体侵害作家著作权的现象层出不穷，屡禁不止。有鉴于此，本文将围绕网络媒体侵害著作权行为的规制对实践中存在的问题、处理思路进行总结，并对如何有力制裁网络媒体侵权行为提出建议。

一、网络媒体侵害著作权行为规制存在的问题

由于网络技术复杂多变，新技术的发展对于既有的法律规则以及法律的适用均提出了挑战。从实践的情况看，对于网络媒体侵害著作权行为的规制主要存在以下三方面的问题：

一是被控侵权网络媒体法律地位的认定标准不够统一。从法律地位上讲，被控侵权网络媒体可能是网络内容提供者，也可能是网络服务提供者，划分标准在于其实施的行为是提供信息内容还是为他人传播信息提供技术服务。但上述标准只是法律意义上的划分标准，在现实中，随着网络技术的发展和商业模式的多样化，网络服务的类型趋于多样化和复杂化，并不容易作出清晰界定。该问题在移动终端更为凸显，一些新闻APP运营者为提升用户体验和用户

粘性，在新闻内容链接自第三方的情况下，并不在用户操作界面对信息真实来源进行完整显示。在这种情况下，对于举证责任的分配以及证明程度的高低可能直接影响到个案中对于相关网络经营者法律地位的界定。在传统媒体版权维权案中，网络技术的复杂性使得对被控侵权网络媒体法律地位的界定成为了案件审理中的难点问题。由于缺乏细化的法律规则，不同法院对举证责任分配以及证明程度高低的把握标准不尽相同，导致以往实践中对于被控侵权网络媒体法律地位的认定标准存在不一致的现象。

二是赔偿数额的判赔标准不统一。根据《著作权法》规定的损害赔偿数额确定顺序，法定赔偿应当是最后适用的赔偿确定方法，但在传统媒体版权维权案中，90%以上案件赔偿数额的确定适用法定赔偿，其主要原因在于当事人未对权利人的实际损失或侵权人的违法所得进行举证。在当事人不举证而仅主张适用法定赔偿的情况下，具体赔偿数额的确定只能适用法定赔偿，而法定赔偿存在较大的自由裁量空间。尽管在确定赔偿数额时，可以参照国家版权局制定的文字作品稿酬规定，但该稿酬规定中的文字作品稿酬标准存在一定幅度范围，不同案件所涉及的文字作品的独创性程度有所不同，在适用法定赔偿时考量的具体因素也会有所差别，从而导致不同案件的赔偿标准存在不统一的现象。

三是网络媒体对著作权问题重视不够。多数案件所涉的网络媒体为正在成长发展中的网站经营者或移动终端的 APP 运营者，其共同点体现为"重发展，轻保护"，即偏重业务发展，轻视著作权保护。其原因在于：其一，正版媒体资源采购成本高、投入大，但侵权复制容易，一些网络媒体为获取短期利益而故意侵权；其二，一部分网络媒体对于《著作权法》的相关规定存在认识误区，例如，误以为网络转载合法等等。

二、审理网络媒体侵害著作权案件的一般思路

近年来，网络媒体的迅速发展，在给人们获取信息带来便利的同时，也导致了大量侵害作家著作权纠纷的出现，损害了作家的合法权益。近年来，北京法院审理了大量网络媒体侵害作家作品著作权的纠纷案件。在审理该类案件中的主要做法如下：

首先，审查原告对诉争内容是否享有著作权。审查内容包括两方面：其一，原告要求保护的内容是否属于《著作权法》保护的作品；其二，原告对该作品是否享有著作权。根据"署名推定原则"，通常而言，对于作为原告提起诉讼的作家，如果能够举证证明相关文学出版物上署名的作者系其本人，即可以认定其享有该作品的著作权。

其次，对被控侵权网络媒体的法律地位做出界定。在现行著作权法体系下，根据网络经营者提供服务内容的不同将其区分为网络内容提供者和网络服务提供者。前者是将信息上传或者以其他方式将信息置于网络服务器中并向公众提供的服务商；后者是通过技术、设备为信息在网络上传播提供中介服务的服务商。两者区分的法律标准在于其实施的是直接提供信息内容的行为还是为他人传播信息提供技术服务的行为。法院在案件审理中需要依据法律规定和查明的事实，对被控侵权人的法律地位进行界定。区分网络媒体不同法律地位的意义在于认定侵权成立的标准不同。当网络媒体为网络内容提供者时，如果其未经许可传播他人作品，可以直接推定其

有过错；当网络媒体为网络服务提供者时，因其提供的网络技术服务不属于直接实施提供作品的行为，而是为服务对象的信息在网络上传播提供中介服务，其构成侵权必须以主观上存在过错为前提。

第三，判断被控侵权行为是否成立。在侵权认定中，被控侵权网络媒体往往以其行为构成合理使用为由进行抗辩。《著作权法》第二十二条规定了十二种合理使用的情形，在这些情形下，他人可以不经著作权人许可、不向其支付报酬，只是应当指明作者姓名、作品名称且不得侵犯著作权人享有的其他权利。人民法院在审查被告提出的合理使用抗辩是否成立时，除依据上述规定外，还依据《著作权法实施条例》第二十一条确立的"三步检验法"进行审查，即：依照《著作权法》有关规定，使用可以不经著作权人许可的已经发表的作品的，不得影响该作品的正常使用，也不得不合理地损害著作权人的合法利益。只有在同时符合上述条件时，被告的合理使用抗辩才会被认定成立。从实践的情况来看，绝大多数案件中的合理使用抗辩并未能获得法院的支持。

第四，确定具体的赔偿数额。《著作权法》第四十九条规定："侵犯著作权或者与著作权有关的权利的，侵权人应当按照权利人的实际损失给予赔偿；实际损失难以计算的，可以按照侵权人的违法所得给予赔偿。赔偿数额还应当包括权利人为制止侵权行为所支付的合理开支。权利人的实际损失或者侵权人的违法所得不能确定的，由人民法院根据侵权行为的情节，判决给予五十万元以下的赔偿。"上述规定确立了损害赔偿确定的基本原则即以弥补权利人损失为目的的填平原则，在权利人的实际损失无法确定时，侵权人的违法所得推定为权利人的损失，二者均无法确定的，则适用法定赔偿。北京法院在个案中确定具体的赔偿数额时，严格遵循上述赔偿数额的确定顺序。在适用法定赔偿时，则结合当事人的举证情况，综合考虑作品类型、合理使用费、侵权行为性质、后果等情节综合确定。

三、有力制裁网络媒体侵权行为的建议

在移动互联网时代，依法保护原创者的合法权益，有力制裁网络媒体侵权行为，对于促进科技文化创新、繁荣具有重要意义。为此，提出以下建议。

（一）灵活举证证明机制，固定侵权行为

根据"谁主张，谁举证"的原则，作家作为权利人主张网络媒体存在侵权行为的，首先应当对该行为的真实存在提供证据予以证明。在具体的案件中，法院要根据权利人提供的证据，确定其主张是否成立。对于权利人而言，要重点关注举证的途径、证明标准以及举证手段等三方面问题。

在著作权案件中，与侵权相关的证据通常由被告掌握，以致权利人难以发现和获取。与一般民事侵权纠纷相比，在著作权侵权纠纷案件中，原告的举证难度相对较大。针对举证难的问题，在现有法律框架下，可以在符合法律要求的条件时，申请诉前禁令以及诉前、诉中保全申请，通过禁令、证据保全和调查取证等程序性措施，有效预防侵权行为的发生和损害后果的扩大，及时固定诉讼所需的相关证据材料，切实减轻当事人的举证负担。

关于证明标准，考虑到网络技术的复杂性，要求权利人分辨相

关网络服务提供者是具体从事了提供作品的侵权行为，还是仅为该提供行为提供网络服务，客观上确实存在困难，也超出了权利人的举证能力。因此，为充分保护权利人的利益，有必要合理分配权利人与被控侵权网络媒体的举证责任，使得当事人的举证责任与其举证能力相平衡。2016 年 3 月 29 日，北京市高级人民法院颁布了《关于涉及网络知识产权案件的审理指南》，该指南第一条即明确了对上述问题的处理意见，该条规定："原告主张被告单独或者与他人共同实施了提供涉案作品、表演、录音录像制品行为的，应承担举证证明责任。原告举证证明通过被告网站能够播放、下载或者以其他方式获得涉案作品、表演、录音录像制品，被告仍主张其未实施提供行为的，由被告承担相应的举证证明责任。"该规定实质上明确了权利人承担证明网络服务提供者提供相关作品的初步证明责任，在权利人完成初步举证责任后，如网络服务提供者以其提供网络服务为由进行抗辩的，则由网络服务提供者承担其提供的是网络服务的举证责任。但是，权利人仍应当承担初步举证的责任。

关于举证手段，网络证据具有易篡改、易销毁的特点，从目前的司法实践来看，事先进行公证取证是保全、固定侵权证据最为稳妥的取证方式，由于公证机关出具的公证书证明效力较高，在没有相反证据足以推翻的情况下，人民法院均予以采信。当然，部分权利人在维权时涉及作品数量较大，公证取证的费用支出较高，权利人需要先行垫付。对此，因公证费用系为制止侵权所支出的必要费用，在侵权行为成立的情况下，法院在确定赔偿数额时，对于与案件相关的公证费用，一般均会予以支持，即权利人垫付的取证开支最终由侵权人承担。

（二）尽力、穷尽举证，获取最大化赔偿

由于著作权本身的无形性和侵权行为的多态性，权利人的损失数额和侵权人的获利数额均难以准确确定，使得知识产权侵权损害的精确计算在世界范围内均是一项难题。

当前，不少权利人反映，法院实际的判赔额与其期待存在差距的问题，主要原因还是在于权利人不举证或举证不足的问题。作为权利人来讲，为获取最大化的赔偿，一方面，应当在举证能力范围内尽可能积极举证，使自己主张的赔偿数额有充分的理由或具体的计算依据；另一方面，应积极寻求举证妨碍制度的适用。参照《商标法》的相关规定，在权利人已经尽力举证，而与侵权行为相关的账簿、资料主要由侵权人掌握的情况下，可以责令侵权人提供与侵权行为相关的账簿、资料；侵权人不提供或者提供虚假的账簿、资料的，人民法院可以参考权利人的主张和提供的证据判定赔偿数额。上述规定在侵害著作权案件中也可以参照适用，但通常需要权利人提出申请并辅以初步的证据。权利人应当学会善于利用法律赋予的武器积极维护自身的权益。

（苏志甫　北京市高级人民法院民三庭法官）

编剧的知识产权保护

影视文化不仅承载着繁荣文化市场、丰富人民群众文化生活的功能，而且正在成为文化创意产业的业态核心和主要经济增长点，而编剧正是影视文化的源泉。影视行业的飞速发展引发了许多法律纠纷，尤其是涉及到编剧维权的案件，在著作权领域更是日益凸显。

根据《著作权法》的规定，著作权属于作者，创作作品的公民是作者。《最高人民法院关于审理著作权民事纠纷案件适用法律若干问题的解释》规定：当事人提供的涉及著作权的底稿、原件、合法出版物、著作权登记证书、认证机构出具的证明、取得权利的合同等，可以作为证据。在作品上或者制品上署名的自然人、法人或者其他组织视为著作权、与著作权有关权益的权利人，但有相反证明的除外。

对于在作品上署名的，推定署名人享有该作品的著作权；对于没有署名的，权利人提交的作品底稿、原件、合法出版物、著作权登记证书，以及委托创作合同、著作权转让合同中有关权利归属的相关约定，均可作为推定著作权归属的初步证据。同时，对于编剧在作品上署笔名、别名的，只要能够证明该笔名、别名与权利人之间的对应关系，也可以作为推定著作权归属的初步证据。

在侵权认定中，则通常采用"接触"加"实质性相似"减"合理来源"的判定原则。

对于已经公开发表的作品，由于该作品已经处于公之于众的状态，故可据此推定被诉侵权人接触过该发表作品，无需权利人再就"接触"的事实举证，进一步减轻权利人的举证责任。对于未发表的作品，除通过交付的事实认定接触外，还可以综合考虑行业惯例、当事人之间存在的合作关系等因素认定"接触"的存在。在王放放、王浙滨起诉侵害著作权案中，王放放、王浙滨主张权利的《与皇帝离婚的女人》剧本未公开发表，但法院认定："虽然王浙滨、王放放提供的证据无法直接证明被告在创作《历史的背后》前已实际接触过《与皇帝离婚的女人》剧本的第一、二、三稿，但从文采公司曾将第三稿的最后三集转发给被告，双方就相同历史题材进行影视创作所建立的委托创作关系，以及被告承认创作《历史的背后》剧本过程中综合考虑了文采公司提供的相关史料等事实，可以推定被告具有从文采公司接触《与皇帝离婚的女人》剧本第一、二、三稿的可能性"。

此外，在下列情形下，也可以推定被诉侵权人接触了维权编剧的作品：1.被诉侵权作品与维权作品明显近似，足可合理排除被诉侵权人独立创作的可能性；2.被诉侵权作品中包含有与维权作品中存在的相同错误，而这些错误对作品毫无帮助；3.被诉侵权作品中包含着与维权作品中相同的特点、相同的风格或者相同的技巧，而这些相同之处很难用偶然的巧合来解释。

侵权案件中的实质性相似，是指表达上的实质性相似，而非思想上的实质性相似。由于涉编剧的著作权侵权案件中涉及的均是剧本类文学作品，这类作品往往篇幅较长、人物众多、情节丰富、结构复杂，因此，我们在对此类案件中的作品相似性进行比对时，采取的是局部比对和整体比对相结合，整体比对、综合判断的方法。

不局限于文字与文字、场景与场景、对白与对白、人物名称与人物名称这些浅层的对比，而是对作品的情节选择、设计及其推进逻辑、结构安排、人物设置、具体的人物关系、人物冲突，以及人物与情节推进之间的关联关系等深层表达进行对比。对于文字表达或人物名称虽然不同，但被诉侵权作品与维权作品同样包含上述足够具体的表达，且这种紧密贯穿作品的相似性表达在被诉侵权作品中达到一定数量或比例，足以使相关公众感知到权利作品时，即可认定构成实质性相似。通过这种深度相似性的比对，让试图通过合法形式掩盖侵权目的的行为得以被追责，更好地维护编剧和权利人的合法权利。

在责任方式的主张方面，根据《著作权法》的规定，停止侵害是侵权人依法应当承担的一种责任方式。对于侵权行为成立的可以要求法院判令侵权人停止侵权行为，对此法院通常予以支持。但基于知识产权的无形性和准物权性质，在知识产权侵权领域，机械地判处侵权人承担停止侵害的责任，可能会对国家利益、社会公共利益造成负面影响，有损竞争的效率性，或者导致当事人的利益明显失衡，因此在知识产权侵权案件中，法院对停止侵害这一责任方式的适用会设置一定的限制。通过审理琼瑶诉于正著作权侵权案，明确了在著作权侵权案件中仍应以判令侵权人停止侵权为原则，以不停止侵权为例外，并提出了不承担停止侵害法律责任的考量因素，即：权利人和侵权人之间是否具有竞争关系、侵权人的市场获利是否主要基于著作权的行使、权利人的主观意图和侵权人的实际状况，以及社会公众利益。同时，明确了侵权人的经济损失不当然等同于社会公众利益受损，指出"社会公众利益虽是一个不确定概念，但可以确定的是个别人或者个别公司的利益不属于社会公众利益"。以判处停止侵害责任为原则，以不适用停止侵害责任为例外，通过强化著作权的保护，维护著作权人的利益，维护长远的社会公众利益。

除了停止侵权，《著作权法》规定的侵害著作权的责任方式还包括赔礼道歉。但由于赔礼道歉的责任方式是侵犯他人人身权利时应当承担的一种责任方式，故在著作权侵权案件中，如果被侵犯的仅是著作财产权，则不宜主张侵权人承担赔礼道歉的法律责任。

特别需要指出的是，对于未经许可改变作品的类型或以改写、缩写、扩写等方式使用作品的，编剧还可以侵害改编权提起诉讼。由于改编权是改变作品，创作出具有独创性的新作品的权利。改编是对作品的改变，其中蕴含着对权利作品的修改，而修改权又是著作人身权的一项权能，故改编权本身具有财产权利和精神权利的双重属性。鉴于改编权蕴含着人身权的属性，因此当侵权人侵犯的是编剧对剧本享有的改编权时，也可主张侵权人承担赔礼道歉的法律责任。通过负面的社会评价加大侵权的精神成本，表彰权利人，消除侵权影响，更为有效地遏制侵权行为。

获得足以弥补损害的赔偿数额，是维权最终极也是最核心的目的。根据《著作权法》第四十九条的规定，侵犯著作权或者与著作权有关的权利的，侵权人应当按照权利人的实际损失给予赔偿；实际损失难以计算的，可以按照侵权人的违法所得给予赔偿。赔偿数额还应当包括权利人为制止侵权行为所支付的合理开支。权利人的实际损失或者侵权人的违法所得不能确定的，由人民法院根据侵权行为的情节，判决给予五十万元以下的赔偿。

前面法律规定中的实际损失包括原告合理的许可费、因被告侵权导致原告许可使用合同不能履行或难以正常履行产生的预期利润损失；违法所得包括产品的销售利润、营业利润或净利润。法定赔偿则需要考量作品类型、同类作品的合理许可使用费标准、作品的知名度和市场价值、权利人的知名度、作品的独创性程度等因素综合判定。

无论采取上述哪种方式计算赔偿数额，均需要权利人对此予以充分举证。即使证据不足以证明实际损失或侵权获利，也应就确定法定赔偿数额时考量的各种要素提交相应的证据。目前，司法实践中，又提出了裁量性赔偿的方法。当有证据证明权利人的实际损失明显高于法定赔偿数额的上限，但又无法确切计算出准确的损失数额时，法院会适用裁量性赔偿的方法超出法定赔偿数额的上限确定最终的判赔数额。如何使法院确认权利人的实际损失明显高于法定赔偿数额的上限，仍然要依靠权利人的举证。因此，在赔偿数额的确定上，权利人的举证是非常重要的。

涉及编剧的著作权案件中的作品经常是合作作品，既可能是合作的权利作品，也可能是合作的侵权作品。根据民事诉讼法有关共同诉讼的规定，当权利作品是不可分割合作作品、且能够查清所有权利人时，应以全部权利人作为案件的共同原告提起诉讼。但如果权利人众多，且部分权利人难以找到，仍严格按照前述规定处理，势必影响现有权利人依法主张权利。因此，在涉及编剧的著作权侵权案件审理中，权利人可以依据《著作权法实施条例》第九条的规定有效维权。

《著作权法实施条例》第九条规定："合作作品不可以分割使用

的，其著作权由各合作作者共同享有，通过协商一致行使；不能协商一致，又无正当理由的，任何一方不得阻止他方行使除转让以外的其他权利，但是所得收益应当合理分配给所有合作作者。"根据该规定，如果确实难以找到全部权利人，可以由其中一个或部分权利人先行提起诉讼，对此法院通常会予以支持。

编剧在维权过程中还需要注意做好以下几点：

第一是强化法律意识，审慎签约，留存证据。合同作为当事人之间意思一致的产物，在没有法定无效情形存在的情况下，签订后各方即应严格履行，一旦发生纠纷，判断各方当事人是否存在违约行为，即以合同条款约定的内容为准。编剧作为非法律专业人士，对于与著作权等知识产权相关的一些法律术语缺乏必要的了解，在签约过程中又往往对具体条款的审查疏忽大意，如：将本不应授予对方的权项签署在协议中；因对创作过程中的困难估计不足而未能约定合理可行的履行期限；将剧本质量的决定权放手他人等，审判实践中很多案件都是由此引发。因此，编剧在签订委托创作合同时，应就合同条款进行谨慎的审查，特别是涉及到己方义务的条款，应结合自身的实际情况和履约能力进行约定，防止因考虑不周而导致违约。在签订授权合同时，则需对约定的授权内容与商定的授权内容是否一致进行审查，防止授权范围超出预期，进而导致利益受损。同时，对于履约过程中各个阶段的履行行为，应注意形成并留存相关证据，以免在诉讼中因举证不能、证据不足而承担败诉风险。

第二是依法署名，宣誓权属。由于司法实践中著作权的权利归属采用署名推定原则，因此在作品上署名是权利人维权最重要的要件。首先尽可能署上真实姓名，对于需要署笔名、别名的，应当确保有证据证明所署笔名、别名与真名之间的对应关系。具体的方式包括：使用在户籍登记部门登记过的笔名或别名；在加入协会时将所使用的笔名和别名同时登记等。

同时，由于信息技术的发展和普及，创作过程已经从稿纸加钢笔转变为电脑打字，作品的原稿形式也基本是电子文本。由于电子文本的便于修改性，原稿上的署名作为权利归属初步证据的证明力开始弱化，因此建议作者积极采纳新技术下出现的各种电子化的署名方式，强化原稿署名的证据效力。

第三是了解诉讼时效制度，及时行使权利。我国法律明确规定了诉讼时效制度，自知道或应当知道权利受到侵犯之日起三年内可以起诉维权。无论是权利被侵犯还是在合同履行中发生纠纷，提起诉讼的时效期间均为三年。如果超过三年的时效期间，则无权就纠纷向法院起诉。在我们审理的案件中，也出现过因超过诉讼时效被判决驳回诉讼请求的案例。因此，编剧或权利人在发现侵权行为或者履约出现纠纷时，在协商、调解的同时，需要注意诉讼时效，若协商时间较长，难以在三年内及时起诉的，则需要注意留存能够证明曾向对方提出过权利主张的证据，据此中断诉讼时效，以便于在协商、和解不成的情况下，仍可以通过司法程序主张权利。

（谢甄珂　北京市高级人民法院民三庭副庭长）

作家进行证据保全的三大途径

作家在创作的过程中往往倾注了很多心血，这常常导致作家对于自己的优秀作品可能会生出类似对待自己孩子般的爱意。通常来说，如果作家不能证明自己是其创作作品的著作权人会导致其非常痛苦，这可能和不能证明自己是自己孩子的父亲或母亲一样让人难以接受。

事实上，在现代DNA技术越来越普及的情况下，普通人要想证明自己与孩子的血缘关系并不困难，尤其是涉及诉讼的情况下，拒不配合法院做司法鉴定的一方要承担对其不利的推定。但是，类似的推定却不会在著作权保护领域存在，原告永远需要直接证明自己是作品的原创者或著作权人；作家朋友们如果事先没有及时进行合适的证据保全工作，在产生争议时往往会产生无力感。

认为自己权益被侵犯的作家即便找到了非常优秀的律师来协助维权，在证据不足或证据并不确凿充分的情况下，再好的律师也无能为力；因此，作家权益的维护最终还得依靠作家朋友们养成一个良好的证据保全习惯；基于上述原因，适当地掌握一些证据保全的技巧就显得尤为重要了。

为了进一步共同提高我们证据保全的水平和能力，现就文字作品证据保全的三大途径和一些注意事项与各位作家朋友谈谈我的一些体会和看法，供作家朋友们参考。

第一大途径——通过电子邮件进行证据保全

一、通过电子邮件进行证据保全具有以下特点：

1.是最快捷的一种证据保全方式；

2.是成本最低的一种证据保全方式。

3.是作家可以独立实施的证据保全方式。

二、通过电子邮件进行证据保全的流程和注意事项：

1.第一步，要用自己的真实身份信息注册一个实名的常用电子邮箱（最好是手机邮箱，用户名就是自己的手机号，例如常用邮箱可以是139＊＊＊＊＊＊＊＊@139.com）。

2.第二步，要用自己的真实身份信息注册一个实名的备用电子邮箱（最好是不同于常用电子邮箱的邮件服务商提供的，例如备用邮箱可以是139＊＊＊＊＊＊＊＊@163.com）。

3.第三步，在自己的作品正文中署上自己的真实姓名、身份证号码、手机号码和笔名（如有）。

4.第四步，将含有上述身份信息的作品全文通过自己实名常用电子邮箱发送至另一个自己实名登记的备用电子邮箱（例如，从139＊＊＊＊＊＊＊＊@139.com发送至139＊＊＊＊＊＊＊＊@163.com）

完成上述步骤以后，当发生争议时，作家可以从自己的邮箱中打印相关的发送或接收邮件记录，当作家出示来自邮箱的相关证据时，会在非诉讼的协商和谈判过程中给企图浑水摸鱼的对手和侵权人形成一定的压力，很可能会导致潜在的侵权者放弃原本设计的讹诈计划。当然，如果是通过去法院提起诉讼来解决纠纷的话，相关的来自邮箱中的证据需要通过公证处下载打印并制作进公证书里才是最合格的证据形式。

第二大途径——通过版权登记机构进行证据保全

一、通过版权登记机构进行证据保全具有以下特点：

1.是不太便利的一种证据保全方式；

2.是成本较高的一种证据保全方式。

3.是作家不能独立实施，需要版权登记机构配合才能完成的证据保全方式。

二、通过版权登记机构进行证据保全的流程和注意事项：

第一步，需通过国家版权局的网站（www.ncac.gov.cn）查询国家认可的版权登记机构名称、联系地址、联系电话及电子邮箱地址。例如，目前，中国版权保护中心是国家认可的版权保护机构之一。

第二步，根据实施第一步获得的信息联系版权登记机构并按照该版权登记机构的要求准备申请材料。例如，中国版权保护中心对申请著作权登记者应当提交的材料和具体要求如下：

（1）按要求填写完整的作品著作权登记申请表；

（2）申请人的身份证明；

（3）权利归属证明；

（4）作品的样本（可以提交纸介质或者电子介质作品样本）；

（5）作品说明书（请从创作意图、创作过程、独创性三方面写，并有作者签字）；

　　（6）委托他人代为申请时，代理人应提交申请人的授权书；

　　（7）代理人的身份证明。

　　　第三步，版权登记的具体办理步骤为：

　　（1）向版权登记机构提交前述申请材料；

　　（2）登记机构核查接收材料；

　　（3）登记机构通知申请人缴纳费用；

　　（4）申请人缴纳登记费用；

　　（5）登记机构受理申请；

　　（6）审查；

　　（7）制作发放登记证书；

　　（8）公告。

　　需要注意的是，登记机构承诺完成上述登记步骤的时限是受理登记申请后30个工作日办理完成；而需要补正材料的，申请人自接到补正通知后两个月内完成补正。

　　由此可见，通过版权登记机构进行证据保全的程序相对复杂，成本相对较高。由于我国境内几乎所有的地级市、县级市根本没有设置版权登记机构，甚至很多省会城市都不一定有国家认可的版权登记机构或其派出机构，这就导致这种途径很难被广大作家接受，毕竟通过版权登记机构进行证据保全会消耗作家大量的时间和精力，因此，除对非常重要的中、长篇小说或电影剧本、电视剧本等经济价值较高的作品进行证据保全时可以考虑使用这种途径外，我们对于普通作品的证据保全的确没有必要采取这种途径。

第三大途径——通过公证处进行证据保全

一、通过公证处进行证据保全具有以下特点：

1.是最容易被法院认可的一种证据保全方式。

2.是成本较高的一种证据保全方式。

3.是作家不能独立实施，需要公证处配合才能完成的证据保全方式。

二、通过公证处进行证据保全的流程和注意事项：

第一步，先到作家工作地或居住地的司法局查询最近的公证处的名称、地址和电话。

第二步，直接到离作家工作地或居住地最近的公证处说明自己的证据保全意图并咨询相关准备工作。

第三步，按照公证处的要求准备申请公证的相关材料（含身份证原件、复印件、作品手写稿或电子稿等）。

第四步，向公证处提交合格的相关材料并缴纳公证费用。

第五步，接到公证处的通知后去公证处领取公证书。

通过公证处进行证据保全通常是面临诉讼时会采取的一种证据保全措施，其主要目的是提交符合法院要求的正式证据——这往往是对电子邮件中的内容进行确认的重要手段，主要是为了确保提交给法院的证据没有被修改或篡改、伪造。

结　语

　　不难看出，上述三大途径中，第一种途径是成本最低、最便捷的，是属于进可攻、退可守的一种证据保全方式，且具有相对隐蔽的特点，在作家完成电子邮件方式证据保全工作之后，如作家本人不愿意张扬，自己不对外说时，旁人无法知晓作品形成的准确时间；当需要证明自己是作品的创作者及创作完成的时间时，也可以随时通过公证处的协助完成最严格意义上的证据呈现，因此，从律师的角度来说，建议广大作家朋友们对通过电子邮件进行证据保全予以足够的重视。

　　（邓江华　北京市双全律师事务所主任）

同人之"同"的著作权法问题思考
——"金庸诉江南"一案的法律与文学分析

2016年，作家查良镛先生（笔名：金庸）以著作权侵权及不正当竞争为案由，将作家杨治（笔名：江南）、北京联合出版有限责任公司、北京精典博维文化传媒有限公司、广州购书中心有限公司等四被告起诉至广州市天河区人民法院，请求法院判令四被告停止复制、发行小说《此间的少年》、封存并销毁库存图书、赔礼道歉，消除影响、共同赔偿经济损失人民币500万元。2017年4月25日，金庸诉江南一案在广州市天河区人民法院正式开庭审理。

因双方都具有较高的知名度，"同人作品第一案"迅速引起了舆论热议，也引发了理论界和实务界对该问题的探讨。

在著作权侵权判断中，对于非全文复制的被控侵权作品认定通常采用"接触可能+实质性相似"的判断标准。如果被控侵权作品作者接触过权利作品或者具有接触权利作品的可能性，且又与该作品存在内容上的实质性相似，排除法定抗辩理由（如合理使用等），则可以认定其为侵权作品。在此基础上，再根据其具体使用方式，判断侵害了作者的何种权利，进而判断应承担何种责任。

一、两类作品的阅读体验

作为金庸先生的原著粉，在阅读完金庸先生的15部作品后，除了反复重温原作外，自然也对所谓的"同人文"进行搜寻及阅读，以持续获得愉悦的阅读体验。

金庸先生构想出的是一个有着家国大义、江湖恩怨、儿女情仇的江湖世界，与别的完全引用金庸先生小说世界观设定的其他"同人文"（如《九指神丐洪七公》）不同。《此间的少年》是完完全全的校园小说，即使小说设定时间为北宋年间，人物姓名与金庸先生系列作品人物的名称一样，但这些姓名所代表的人物性格、行为历史、养成经过，与金庸小说中的人物没有相似之处。《此间的少年》的主角以现代的生活方式在大学时代读书、跳舞、恋爱、考试，甚至金庸先生不同小说中的人物令狐冲、郭靖、杨康、段誉居然住在了同一个寝室。这在金庸先生的小说里是无法想象的。书中的人物如你我一般，没有古代大侠的神功，也没有各种各样的因缘际会去获得武林秘籍，为国为民，成为"侠之大者"。

二、实质性相似的认定

江南在其个人微博发布的声明中明确写明"书中人物姓名确实基本来自于金庸先生的系列武侠作品……我是金庸先生忠实的读者……"[1]，

---

① 江南的微博：http://weibo.com/1191262305/Eec887yyy?type=comment#_rnd1477 925728141 2016 年 10 月 27 日第一次访问

"接触"要件已满足，此处重点要考虑的问题是"实质性相似"。

1.人物姓名所占的比例远远达不到"实质性相似"的程度

在本案中，《此间的少年》与金庸先生的系列武侠小说相同的也就是人物名称，以及部分相同的人物关系，如郭靖和黄蓉是情侣关系。除此之外，故事情节、故事发展脉络等均无相同或相似之处。

"实质性相似"需要达到某种程度的近似。如果按照侵权部分所占比例来衡量的话，仅仅是人物姓名所占的比例远远达不到"实质性相似"的程度。

2.单独的人物姓名无法作为作品受到《著作权法》的保护

无论是在理论中，还是实践中，人物姓名此类"短标题、名称"无法作为作品受到《著作权法》的保护。大多数姓名并不符合作品"独创性"的要求，即使有些姓名具有"独创性"，但是"缺乏起码的长度与必要的深度，无法充分地表达和反映作者的思想情感或研究成果，以及与此相适应的智力创造性。"①我国的司法实践中，众多案件中，法院都给出了否定的答案，比如"娃哈哈"一案，法院认为短句"娃哈哈"所表现的内涵并不是作者思想的独特表现，也无法认定其反映了作者的全部思想或思想的实质部分"②，否定了短标题或者短句作为作品保护的可能性。

毫无疑问，金庸先生在文学上的成功之处就在于塑造了经典的人物，文学界有"文学即人学"这一论题，但同时亦有"一千个读者就有一千个哈姆雷特"的说法。对于同一个人物，因不同读者的背景、经历、理解能力的差异，会产生不同的认知。提起郭靖、黄蓉、

---

① 王迁：《知识产权法教程》，中国人民大学出版社2014年第4版，第39页。
② 上海市第二中级人民法院民事判决书：（1998）沪二中知初字第5号

令狐冲，每个读者自然而然地根据自己的经历、阅读的体验，甚至观看电视剧的体验，对人物的性格、形象产生不同的想象。借用人物名称是否就实质上使用了人物的性格乃至情节等实质性表达呢？作家江南塑造的郭靖是不是金庸先生塑造的郭靖？与我们所认知的郭靖是否是同一个？这是仁者见仁智者见智的问题，法院也难以对此进行判定。因此单从这一方面来讲，借用人物名称并不必然导致侵权。

当然，本案中，《此间的少年》中所有人名均出自金庸先生的不同作品，但是否因此构成了对这些人名所代表的"金庸故事"的实质性相同的表达，或重新表达即外传？在阅读了《此间的少年》一书之后，相信读者会有更加直观的判断。

一、对改编权与保护作品完整权的分析

根据上文的分析，《此间的少年》并非侵害金庸先生作品的改编权、侵害保护作品完整权。但除了这个理由之外，改编权以及保护作品完整权的适用范围有一定的限制。根据我国《著作权法》第十条第十四项的规定，改编权，即改变作品，创作出具有独创性的新作品的权利。在司法实践中，改变作品"一般是指在不改变作品内容的前提下，将作品由一种类型改变成另一种类型。"①"在判断是否属于改编时，除了看新作品是否利用已有作品的基本表达外，还要看已有作品的表达在新作品中的比重和地位。"②作为两类完全

---

① 2015年上海法院知识产权司法保护十大案例之八：完美世界（北京）软件有限公司诉上海野火网络科技有限公司等侵害作品改编权纠纷、虚假宣传纠纷、其他不正当竞争纠纷案 （2015）杨民三（知）初字第55号

② 陈锦川：《著作权审判原理解读与实务指导》，法律出版社，2014年1月第1版，第60页。

不同类型的小说，金庸先生的表达并没有成为《此间的少年》的重要内容或者情节，仅有的相同的人物名称，在《此间的少年》所占比例也极低，因此，笔者认为作家江南的小说《此间的少年》不是对金庸先生武侠小说的改编。

再说到保护作品完整权，我国《著作权法》第十条第四项规定"保护作品完整权，即保护作品不受歪曲、篡改的权利"，实践中也发生了诸多"保护作品完整权"相关的纠纷，例如天下霸唱（《鬼吹灯》的作者）起诉中影集团及导演陆川摄制《九层妖塔》侵害了保护作品完整权，再如更早的"《上海人在东京》案件"①，法院在认定是否侵害了保护作品完整权时，通常会考虑是否客观上构成了对作品和作者声誉的损害、导致降低公众对作品和作者评价的程度。另外，在已发生的保护作品完整权受到侵害案件中，作者通常与使用者有一定的约定或者"先前行为"，比如作者授权某出版社出版发行小说、授权电影公司改编成电影、授权游戏公司改编游戏，即使用者使用了作者的作品。所以笔者认为《此间的少年》也没有侵害金庸先生的保护作品完整权。

二、一些题外话

在文学史上，不同的小说使用相同人物名称的做法并不罕见，比如获得巨大成功的小说《五十度灰》，其人物名称及人物关系就源自于《暮光之城》，再如中国古代，《金瓶梅》对《水浒传》人物

---

① 上海市第二中级人民法院民事判决书（1996）沪二中民初（知）字第28号

名称的借用乃至整段情节的使用。

美国小说家巴尔塞姆曾创作过一部小说《白雪公主》，在这个故事里，白雪公主是一个二十二岁的黑发美女，与七个小矮人生活在纽约一幢破公寓里，这七个侏儒男人沉溺于情色，酗酒、嫖娼，白雪公主早已厌倦了天天伺候她的小矮人。故事中的王子是除了王族血统之外一无是处的保罗，保罗是个猥琐、懦弱的无业游民。白雪公主把黑如乌木的长发挂在窗外，期待某位王子爬上来，带她逃离单调烂俗的生活。

这部小说显然与享誉全球的《白雪公主》童话大相径庭，在这个故事里，"从此王子与公主幸福地生活在一起"不是故事的结局，王子不再是拯救者，小矮人也不是忠心耿耿朴实善良的陪伴者。这个小说还将不同的童话故事拼接在一起，比如"头发挂在窗外等待王子"。巴尔塞姆对以往经典的叙事手法、符号进行了解构，美国《新闻周刊》评价这本书"耳边仿佛传来童话中七个小矮人哼着的小曲儿。这位出色的作家知道如何将现实的精神困境转化为合理逻辑，将合理逻辑又化作一桩桩反映我们所处时代真实故事的荒谬喜剧。"而这与《此间的少年》最有名的一段评论"脑中存着金庸小说先前的印象，再徜徉于这样全新的故事中，是一种双重的温习，而这双重的回忆最后归结为一点，便是几乎每个人都经历过或正在经历的轻狂无畏的少年时光"何其的相似！

巴塞尔姆被认为是文艺界戏仿经典风潮的代表者、改变文学方向的作家之一，也被认为是美国最富影响力的后现代主义小说家。"他们使用原有作品的外壳来填充新的情节，模仿经典作家于作品中常用的手法、语言、语气等，使作品变得似曾相识又耐人寻味，常常带有一丝讽刺意味，以此完成他们对经典的理解和重塑"①。从这个意义上讲,许多同人小说更多的是一种"戏仿",而戏仿已经成为后现代文学浪潮中文学的重要表现形式,严肃的"戏仿"体现了作者对后现代精神生活、社会生活的批判性的思考,也是文学发展的一种分支。

《著作权法》的存在意义,在于帮助人们寻求一种在保护创作和鼓励分享之间的平衡。《此间的少年》唤回了大量成年读者对于校园生活的回忆,尽管使用了金庸先生小说中的人物名称,但这种名称使用的效果,更多的是使读者会心一笑,而非真的让读者认为此文系"飞雪连天射白鹿,笑书神侠倚碧鸳"的续集、前传、外传,从而达到"金庸新""古龙巨"相同的目的。从这个意义上,"同人小说"给予了广大读者新的精神食粮,也有可能会使读者因为对这些人物的美好记忆而再去购买、重温原作。

但从法律的角度,应严格按照《著作权法》确定的侵权判定标准,综合考虑"同人小说"的内容、情节、发展顺序的相似程度,来进行个案的认定。本案中,法院除了要按照《著作权法》的规定进行分析,还要按照《反不正当竞争法》的规定对江南的使用行为进行认定,《此间的少年》对金庸先生作品中的特定人物性格、人物关系的使用,以及出版发行的盈利状况,都是法院需要考量的因素,而当前同人小说的创作发表也存着一些混乱情况,相信该案的判决会对规范同人小说市场起到积极的作用。

(戴越　北京市中伦律师事务所律师)

---

① 张磊,燕碧天:《戏仿之"仿"》,载于《读书》2016年第1期,第132页。

通过文件共享群传播作品是否侵权

——以一起通过QQ群传播作品的案件为例

一、案例：一起通过QQ群传播作品的案件

2010年7月，北京科技出版社出版了一本烘焙方面的图书，图书上架后，很快成为畅销书。作者在之后又将该图书的信息网络传播权独家授予北京科技出版社。2014年8月18日，北京科技出版社向公证处提出证据保全的申请。根据公证书记载的内容，进入淘宝上某电器专营店，可以在线购买某品牌电烤箱。在商品销售页面中，明确写了"送烘焙电子食谱，下单后请联系客服咨询"等。付款成功后，根据专营店客服提供的QQ群号（该群有九百多名成员），用户经验证可以加入该QQ群，在群文件中显示有涉案的烘焙图书，并显示上传者为网友王某，上传时间为2014年8月15日，并可以全文下载阅读。

北京科技出版社诉称：某电器专营店未经许可，在其主办的淘宝店内向购买烤箱的用户免费赠送我方正式出版的烘焙图书的电子版，侵犯了我方依法享有的信息网络传播权，请求法院判令停止侵权并赔偿经济损失10万元。

某电器专营店辩称：一、涉案的QQ群是由我公司建立的，但北京科技出版社仅能证明在QQ群共享文件中发现了涉案作品，发布者系网友，无证据证明网友与我公司的关系，我公司无法提供上

传网友的真实身份，客观上也不具备相应的技术能力。二、我公司商品销售过程与涉案作品无关，没有利用涉案作品牟利，QQ聊天群是我公司通过案外人腾讯公司运营的公共社交工具"QQ"平台而设立，并利用"QQ"平台提供的云空间"共享文件"为购买电烤炉的买家提供指定免费下载的，通过QQ群获得服务信息，是常见的网络销售服务行为，没有过错。三、本案涉案作品由QQ群成员发布，供其他群成员下载，而涉案QQ群是案外人腾讯公司为网络用户提供的网络云存储空间，我公司对于腾讯公司来说，也是普通的网络用户，涉案作品的发布无须经过我公司的审查，北京科技出版社无证据证明我公司明知存在侵权作品的情况下，不应承担责任。四、涉案作品显示上传时间为2014年8月15日，北京科技出版社公证时间为2014年8月18日，在发现后，北京科技出版社没有及时通知我公司和腾讯公司删除，根据《侵权责任法》第二十七条、第三十六条第二款的规定，造成涉案作品的影响和范围被扩大，应当自行承担相应损失的责任。

本案是一起通过QQ群传播作品的典型案件。在案件的审理过程中，涉及如下几个问题：一是在QQ群传播涉案作品是否属于信息网络传播行为。二是某电器专营店是否属于网络用户，其行为是否构成侵权。三是北京科技出版社是否造成涉案作品的影响和范围被扩大，应当自行承担相应损失的责任。

二、通过QQ群传播涉案作品是否属于信息网络传播行为

根据我国《著作权法》的相关规定，信息网络传播权是指以有

线或者无线方式向公众提供作品，使公众可以在其个人选定的时间和地点获得作品的权利。基于网络技术的复杂性，对于信息网络的定义，最高人民法院又出台了相关的司法解释。在《关于审理侵害信息网络传播权民事纠纷案件适用法律若干问题的规定》中，最高人民法院对信息网络的定义为："包括以计算机、电视机、固定电话机、移动电话机等电子设备为终端的计算机互联网、广播电视网、固定通信网、移动通信网等信息网络，以及向公众开放的局域网络。"

判断通过QQ群传播涉案作品是否属于信息网络传播行为，应当判断QQ群是否属于信息网络。QQ对我们来说应当是非常熟悉的。它是一款基于互联网的即时通信软件，QQ群是多个QQ注册用户组成的讨论群，QQ群用户可以在自己选定的时间和地点获得群内上传的文件。在技术层面，认定QQ群形成特定的信息网络并非难事，QQ群本身是依附于互联网技术的软件，其使用也有赖于网络环境。

本案需要解决的是通过QQ群传播作品是否属于"向公众提供"。QQ群具有两个特点：1.涉案QQ群的加入并非是完全开放的，需要通过买家验证加入QQ群才能获得涉案作品；2.QQ群人数通常有一定限制，本案是九百多人。通常我们理解的"公众"是不特定的公众，也即信息网络是任何人可以接触的网络。我国《著作权法》及相关实施条例和司法解释并未规定构成"公开"的标准。从其他国家和地区的立法与司法实践来看，只要使家庭成员和经常交往的朋友圈子之外的不特定多数人能够阅读、欣赏或以其他方式感知作品，就构成了公开传播行为。涉案QQ群虽然需要经过验证方可加入，但其人员数量已经具有相当规模，且已经超出正常的社交关系，具有公开性，故应当认定QQ群属于《著作权法》意义上的信息网络，能够实现以有线或者无线方式向公众提供作品的目的。法院在该案判决中亦认为，"构成侵犯信息网络传播权至少要满足三个条件：第一，未经权利人许可；第二，通过信息网络的提供行为；第三，公众可以在其个人选定的时间和地点获得作品。本案中，首先，涉案行为未经权利人许可。其次，涉案行为系通过在QQ群中设置共享文件的方式，向他人提供涉案作品。最后，此种方式使QQ群中成员可以在个人选定的时间和地点下载获得涉案作品。虽然涉案QQ群成员有限，但该QQ群属于开放式群组，面向的是不特定的群成员，任何人可以通过购买商品等方式进入该群，符合公众可以在其个人选定的时间和地点获得作品的要件。综上，本院认定涉案行为构成侵犯信息网络传播权。"

三、文件共享群的建立者是否承担责任

（一）文件共享群涉及的几个主体

某电器专营店的抗辩理由中提到了其是网络用户，故其对涉案作品的发布无须经过其审查。在这个问题上首先应当考察文件共享群涉及的主要行为主体。文件共享群涉及三类行为主体：群软件开发者、群建立者和管理者以及群用户。本案中，我们熟知的QQ群的开发者是腾讯公司，群建立者和管理者是某电器专营店，群用户则是加入QQ群的注册用户。

网络服务提供者在《著作权法》中具有特定的意义，是相对于

网络内容提供者而言的。网络服务提供者在满足特定的条件下可以免责，而网络内容提供者则对内容负有较高的审查义务。如本案腾讯公司，作为QQ软件提供者，其仅为QQ注册用户提供自动接入、自动传输、信息存储空间、文件分享技术等网络服务；另外根据"实质性非侵权用途"标准，即如果产品可能被广泛用于合法的、不受争议的用途，就不能因为产品的制造商和销售商知道其设备可能被用于侵权用途而认定其构成帮助侵权。QQ软件虽然在本案中被用于侵权用途，但该款软件仍然具有实质性的非侵权用途，即主要用于实现与满足QQ注册用户的正当、合法用途。因此，不应当仅因QQ软件的提供本身而认定其提供者具备帮助要件而构成侵权。

某电器专营店是网络服务提供者还是网络内容提供者在本案中并不十分清晰。从举证责任的角度，当事人对自己的主张负有举证责任。根据北京科技出版社提交的公证书，某电器专营店在经营过程中指引消费者登陆其管理的QQ群，通过QQ群向消费者提供涉案作品的下载服务。就某电器专营店的侵权行为，应当说，北京科技出版社已完成了初步举证责任。某电器专营店否认涉案作品系其提供进而否认侵权，应当进行举证。但其并未提交上传网友的真实身份，如通过查询消费者购买记录、客服聊天记录、进群验证信息等相关信息进一步核实买家的联系方式、地址等个人身份信息等，进而明确该上传人系购买其电器的其他用户而非其工作人员；且提供涉案作品供QQ群用户下载属于某电器专营店整个经营模式的有机组成部分。因此，涉案作品提供行为的主体已可以初步指向某电器专营店，某电器专营店未能完成其举证责任，应承担举证不利的后果。

事实上，判断某电器专营店是否应当承担侵权责任，其是否属于网络用户并非本案要点。根据《侵权责任法》第三十六条第一款的规定，也即"网络用户、网络服务提供者利用网络侵害他人民事权益的，应当承担侵权责任"。故无论是网络用户还是网络服务提供者构成侵权的，都应当承担侵权责任，关键在于审查其行为是否符合侵权责任的构成要件，也即是否具有主观过错、是否实施了侵权行为、是否造成了损害后果以及侵权行为与损害后果之间是否存在因果关系。某电器专营店在管理和控制相关QQ群的情况存在如下四个因素：1.其不能提供网友的真实身份；2.其在网页上宣传有"送烘焙电子食谱，下单后请联系客服咨询"等；3.北京科技出版社是通过与某电器专营店客服联系询问"电子书怎么给"后取得客服发给的群文件下载食谱的QQ群号；4.登录QQ群时需通过"买家"验证。在电子商务条件下，通过QQ群获得服务信息，虽如某电器专营店所称是"常见的网络销售服务行为"，但通过QQ群提供信息应当尊重他人的合法权益。即使涉案作品发布者系网友，结合上述第一至第四个因素，可以说明某电器专营店明知QQ群存在涉案作品仍作为销售服务手段，在主观上具有过错；在行为上主动指引消费者登陆其管理的QQ群，通过QQ群向消费者提供涉案作品的下载服务，直接造成了北京科技出版社信息网络传播权遭受损害的后果，符合侵权责任的构成要件。

（二）避风港原则的适用问题

避风港原则，简单地说也就是"通知—删除"规则，也即网络服务提供者不负有对他人上传作品事先审查的义务，仅在著作权人通知的情况下才对侵权内容进行删除，但需要注意的是避风港原则适用的主体是网络服务提供者。《侵权责任法》第三十六条第二款关于对损害扩大部分连带责任的规定同样适用网络服务提供者。该条规定："网络用户利用网络服务实施侵权行为的，被侵权人有权通知网络服务提供者采取删除、屏蔽、断开链接等必要措施。网络服务提供者接到通知后未及时采取必要措施的，对损害的扩大部分与该网络用户承担连带责任。"本案QQ群的管理者并非单纯的网络服务提供者，在建立共享群的同时将群共享的内容作为经营活动的一部分，即使出于权利义务对等的朴素法理考量，亦不应适用上述条款。

法院认为，某电器专营店作为QQ群的建立者和管理者，"与网络服务提供商的性质是不同的。QQ群是腾讯公司推出的多人聊天交流平台，任何一个QQ用户均可以创建群并邀请他人入群。QQ群空间亦为腾讯公司提供，用户可以通过共享文件、上传照片等方式实现交流互动。因此，提供涉案网络服务的并不是QQ群的建立者和管理者，不适用法律规定的关于'网络服务提供者'的归责和免责条件。"

当然，共享文件群管理者并非完全不能驶入"避风港"。如果是普通文件共享群，根据《信息网络传播权保护条例》第二十二条的规定，网络服务提供者为服务对象提供信息存储空间，供服务对象通过信息网络向公众提供作品、表演、录音录像制品，并具备下列条件的，不承担赔偿责任：（一）明确标示该信息存储空间是为服务对象所提供，并公开网络服务提供者的名称、联系人、网络地址；（二）未改变服务对象所提供的作品、表演、录音录像制品；

（三）不知道也没有合理的理由应当知道服务对象提供的作品、表演、录音录像制品侵权；（四）未从服务对象提供作品、表演、录音录像制品中直接获得经济利益；（五）在接到权利人的通知书后，根据本条例规定删除权利人认为侵权的作品、表演、录音录像制品。

（吴园妹　北京知识产权法院法官）

不可分割的合作作品须全体作者协商一致后方可行使权利

——以一起合作作者之间著作权纠纷案为例

一、基本案情与判决情况

张某与李某二人作为主编，于九十年代共同编写完成了《金融大辞典》（以下简称"旧版《金融大辞典》"）一书，后交付某出版社出版发行，并多次获奖。随着金融市场的变化和大量词汇的更新，某出版社决定于2000年左右对该辞典进行修订后再次出版，并联系到了主编之一李某。李某在未告知张某的情况下，自行组织相关人员完成了辞典的修订。随后，某出版社推出了新版《金融大辞典》，并署名李某为主编。张某发现后，认为李某和某出版社共同侵犯其著作权，将二者诉至法院。

法院经审理查明，1992年6月，张某与某出版社就出版旧版《金融大辞典》订立《著作权合同》，约定张某将作品授权某出版社在中国地区以版本形式独家出版并发行；某出版社向张某支付的著作权使用费标准为基本稿酬加印数稿酬，合同自1992年6月5日起生效，有效期为10年。1994年4月，某出版社出版发行旧版《金融大辞典》。版权页载明"1994年4月第1版"，"1997年4月第6次印刷"，"1393千字"。主编署名为赵某、李某、张某；另署名有副主编八人、编委十五人、分主编二十二人及撰稿人三十一人；撰稿人中不含张某和李某。扉页后是三位主编及副主编等人的彩色合影。署名页之后依次是"目录""序""编写说明""凡例"。序文的署名为赵某，第一段载明"李某、张某两位同志接受我的委托，主编的《金融大辞典》一书已脱稿将付梓"。编写说明中载明辞典汇集并解释了14000词条。凡例中载明辞目均按英文字母排列，由几个单词组成的辞目，以第一个单词的字母顺序为准。

本案审理过程中，张某明确其在本案中主张的权利包括两方面：一是旧版《金融大辞典》整体作为汇编作品，赵某仅作序而没有实际参与编写，李某也只是在张某完成汇编后参与了校对，故张某是唯一的著作权人。二是张某作为撰稿人之一撰写了该辞典中30万字的词条，对撰写的这部分内容同样享有著作权。但对撰写部分，张某未能提交书稿或其他证据证明，亦无法具体指明哪些词条是由其撰写的，只是称其与其他撰稿人的工作内容无法明确区分，每一个词条都是所有撰稿人集体讨论的结果。1994年9月，某出版社向审计署人事教育司出具证明一份，主要内容为张某在旧版《金融大辞典》一书中翻译30万字，系英译中。庭审中，某出版社称该证明系在张某要求下出具的，其内容没有事实依据，不认可张某在旧版《金融大辞典》中具有独创性贡献。

1998年11月，李某与某出版社协商在旧版《金融大辞典》的基础上，修订出版新版《金融大辞典》，并订立了《著作权合同》。双方约定李某将作品授权某出版社在中国地区以版本形式独家出版并发行；某出版社向李某支付的著作权使用费标准为：对旧版《金融大辞典》的内容进行重新审定的审定费为5元每千字；新增部分为85元每千字，无印数稿酬；本合同自1998年10月10日起生效，有效期为10年。某出版社认可是该社提出出版新版《金融大辞典》的想法，并与李某进行联系的，但认为新版《金融大辞典》中谁担任主编由李某决定，该社不应承担所有责任。

2009年5月，某出版社出版发行新版《金融大辞典》。版权页载明"2009年5月第1版"，"2009年5月第1次印刷"，"1446千字"。主编署名为李某。扉页后没有彩色合影照。署名页之后依次是"前言""凡例""目录"。署名的副主编、编委、分主编和撰稿人名单，在旧版《金融大辞典》的基础上相应进行了变更，且撰稿人署名中包括李某。前言中载明该辞典初版于1994年，由赵某、李某与张某主编；辞典出版后，受到读者的首肯，至1997年已进行第4次印刷；进入新世纪后，某出版社决定出版新版《金融大辞典》，由于赵某已于1997年逝世，张某因公务繁忙无暇兼顾，由李某一人担任新版《金融大辞典》的主编工作；新版《金融大辞典》汇集并解释了15600余词条。凡例中载明词目均按英文字的字母顺序排列，由几个英文单词组成的词条，以组成第一个单字的字母顺序为准。

法院认为，汇编若干作品、作品的片段或者不构成作品的数据或者其他材料，对其内容的选择或者编排体现独创性的作品，是汇编作品。本案中，旧版《金融大辞典》汇编了若干国际金融专业英文词汇及中文释义，对词汇的选择和编排上有一定的独创性，属于汇编作品。如无相反证明，在作品上署名的公民为作者。两人以上合作创作的作品，著作权由合作作者共同享有。没有参加创作的人，不能成为合作作者。本案中，虽然旧版《金融大辞典》的署名主编为赵某、李某、张某，但由于赵某在序文中明确表述该辞典系李某、张某受其委托主编而成，且现有证据无法证明赵某实际参与了汇编工作，亦无证据显示曾有著作权归赵某享有的约定，故法院认定赵某对旧版《金融大辞典》不享有著作权。尽管张某主张李某亦非著作权人，但未能提交相反证据推翻李某署名为主编的事实，亦与赵某有关高、范二人主编辞典的序文内容相矛盾，法院对该主张不予支持。因此，法院依据现有证据，认定张某和李某系旧版《金融大辞典》的合作作者，共同对该汇编作品享有著作权。

除汇编部分外，张某还主张其在旧版《金融大辞典》撰写有30万字的词条，并提交了某出版社的证明予以佐证。然而，某出版社已明确表示该证明的内容没有事实依据，对张某的主张不予认可。李某在书面意见中对此亦持相同观点。此外，旧版《金融大辞典》的署名撰稿人中并没有张某，而张某在庭审中既不能提交其所撰写的书稿或其他相关证据，亦无法具体指明哪些词条是由其撰写的。综合以上情况，法院认为张某有关该30万字的主张证据不足，不应予以支持。

合作作品不可以分割使用的，其著作权由各合作作者共同享有，通过协商一致行使。本案中，旧版《金融大辞典》属于不可分割的汇编作品。而从新版《金融大辞典》的书名、序言、字数、承继关系等方面，均可以看出该辞典并不是一部新的作品，而是对旧版《金融大辞典》部分内容的修订。李某作为旧版《金融大辞典》的作者之一，有权对该作品进行修改，但其行使权利时应与合作作者张某协商一致。然而，本案中并无证据证明李某曾与张某进行过协商，并取得张某的认可。相反，李某在张某并不知情的情况下，自行组织人员对旧版《金融大辞典》内容进行了修改，并删除了其中的彩色合影，更擅自将主编署名变更为其一人。李某的上述行为，侵犯了张某对作品享有的署名权和修改权，应当承担相应的侵权责任。但由于李某对旧版《金融大辞典》仅进行了部分修订，尚未达到歪曲、篡改作品内容和作者观点的程度，并不足以破坏作品的完整性，故法院认为其并未构成对保护作品完整权的侵犯。

　　某出版社作为旧版《金融大辞典》的出版单位，明知该书合作作品的性质及主编署名的情况，却主动单独联系李某对其进行修订，并在明知未征求张某意见的情况下，仍然决定出版、发行构成侵权的新版《金融大辞典》。对于本案侵权结果的发生，该社主观上具有明显过错，客观实施了侵权行为，应当与李某共同承担侵权责任。侵犯他人著作权的，首先应当停止侵权行为，因此某出版社与李某应当停止对新版《金融大辞典》的复制、发行行为。鉴于停止复制、发行已能够实现制止侵权之目的，故对张某有关销毁库存图书的请求，法院不予支持。此外，某出版社和李某还应就侵犯署名权和修改权的行为，向张某公开赔礼道歉。结合涉案作品的类别以及二被告的侵权情节、影响范围等因素，法院认为其致歉声明应刊登在一家全国发行的金融类报刊上。由于张某未能举证证明涉案侵权行为对其造成了不良影响，且通过公开致歉已能够对其著作人身权所受的损害提供充分救济，故法院对其消除影响的诉讼请求不予支持。关于赔偿损失，由于本案中缺乏证据证明张某的实际损失或二被告违法所得的具体数额，故法院将综合考虑涉案作品的性质、字数、影响范围等情节，结合二被告的主观过错和侵权程度，并参照国家相关稿酬标准，酌情予以确定。

　　一审法院判决李某与某出版社停止出版、发行新版《金融大辞典》，向张某赔礼道歉，并赔偿张某经济损失3.5万元。一审宣判后，李某与某出版社均提起上诉。二审法院经审理维持原判。

二、重点评析

依据《著作权法》的规定，两人以上合作创作的作品即为合作作品，其著作权由合作作者共同享有。合作作品分为两类，即可以分割的合作作品和不可分割的合作作品。两类作品在著作权的行使上，有所不同。

一般情况下，可以分割的合作作品在进行创作时，作者之间往往有较为明确的写作分工，各司其职、分别创作，最终将各自创作的内容汇集成一部完整的合作作品。而相对于整部作品来说，各个作者所创作的内容又具有一定的独立性，能够单独进行使用。例如，多个作者按照不同章节分别进行创作而成的考试辅导用书，以及针对某一主题汇聚多人作品而成的文丛、文集等图书，均属此类。正是基于部分作品与整体作品之间多具有的相对独立性，《著作权法》才规定，可以分割的合作作品，作者对各自创作的部分可以单独享有著作权，只要其行使权利时不侵犯合作作品整体的著作权即可。

然而，对于不可分割的合作作品，作者在行使权利时的规则却有所不同。相对于可以分割的合作作品在创作时的各司其职，这类作品的创作通常需要全体作者齐心协力，从构思、执笔到修改、润色，需要全体作者共同参与，群策群力。因此，在最终的作品中，很难分清哪一部分具体是谁的创作成果，各个部分之间往往呈现出相互交融、密不可分的状态，使得部分内容难以独立于整体作品而单独进行使用。有鉴于此，我国的《著作权法实施条例》才明确规定，不可分割的合作作品，其著作权由各合作作者共同享有，通过协商一致行使；不能协商一致，又无正当理由的，任何一方不得阻止他方行使除转让以外的其他权利，但是所得收益应当合理分配给所有合作作者。

本案中的《金融大辞典》即属于不可分割的合作作品。张某和李某作为该辞典的主编，以合作作者身份共同享有著作权。二者在编写完成辞典后，经协商决定交付某出版社出版发行，就是一种共同行使著作权的行为。本案双方的争议焦点在于，李某在未告知张某的情况下，自行修订《金融大辞典》并再次出版的行为是否构成侵权？一种观点认为，依据法律规定，张某作为合作作者之一，在无正当理由的情况下，无权阻止李某行使除转让以外的其他权利。而事实上，李某所实施的只是修改作品和出版新版辞典的行为，并未将作品转让给他人。对此行为，张某似乎也很难提出合理的反对理由。因此，虽然李某未与张某进行协商，但从结果上看，并不构成侵权。另一种观点则认为，经过事先协商，而后共同行使著作权，是法律赋予所有合作作者的平等的权利。这一规定体现了法律兼顾全体作者整体利益和每位作者个体利益的原则。因此，共同协商是对合作作品行使权利的前提条件和必经之路。未经协商，甚至未经通知，即由部分作者擅自行使权利的行为，其实质上剥夺了其他作者发表意见的机会和行使权利的自由，无异于将一部分作者的权利凌驾于另一部分作者的权利之上，也容易导致权利行使的混乱和冲突。可见，对于部分作者而言，即使其初衷是为了使作品更加完善、传播更广，也不能至其他作者的意愿于不顾，而擅自处分全体作者共有的权利。法院经审理认为第二种观点更加符合立法的本意，并予以采纳，最终认定李某侵犯了张某对《金融大辞典》一书所享有的署名权、修改权，应当承担停止侵权、赔礼道歉和赔偿损失的责任。而某出版社作为涉案辞典的出版单位，明知该书合作作品的性质及主编署名的情况，却主动单独联系李某进行修订，并在明知未征求张某意见的情况下，仍然决定出版、发行构成侵权的新版辞典，在主观上具有明显过错，客观实施了侵权行为，应当与李某共同承担侵权责任。

（杨德嘉　北京市海淀区人民法院民五庭庭长）

相同历史题材作品间的侵权认定

——评书《千古功臣张学良》著作权纠纷案评析

一、基本案情与判决情况

赵云生（本案原告）系中国国家话剧院一级编剧,其经走访相关人员、查阅历史材料等，创作了传记小说《赵四小姐与张学良将军》（以下简称"原告小说"）。该小说于1986年10月由北方妇女儿童出版社出版，曾被全国优秀畅销书评选委员会评为"一九八七年全国优秀畅销书"，亦曾被天津《今晚报》《中国法制报》《重庆晚报》连载刊登。

单田芳（本案被告之一）系我国著名评书表演艺术家,其在原告小说出版多年后，创作并播讲了相同题材的历史评书《千古功臣张学良》（以下简称"被告评书"）。该评书于2003年由单田芳和北京单田芳艺术传播有限责任公司授权北京鸿达以太文化发展有限公司（本案被告之一）制作，由北京市科海电子出版社（本案被告之一）出版了同名MP3光盘，并曾在诸多广播电台播放。北京市新华书店王府井书店（本案被告之一）、光明日报社下属文摘报社（本案被告之一）均对该光盘进行了销售。

赵云生在广播中收听到被告评书后，认为单田芳侵犯了其小说的著作权，遂将单田芳及评书光盘的制作、发行、销售等单位诉至法院。赵云生诉称：其通过走访众多了解相关史实的知情人物，查阅大量的历史资料，付出艰苦的创造性劳动，于1986年创作完成了原告小说，该书后经多次出版印刷，并被改编为电视连续剧、广播剧，在国内外产生了很大反响。后发现单田芳播讲的被告评书在构思、结构、情节、选材以及人物安排上与原告小说如出一辙，很多内容甚至完全重合。赵云生认为单田芳抄袭其作品，具体内容达32处，故诉至法院，请求判令被告停止侵权、消除影响、赔礼道歉、销毁光盘，并赔偿赵云生经济损失、精神抚慰金及律师费共计五十余万元。

被告单田芳辩称：被告评书是其从1992年便开始准备，在参考《张学良将军传略》等20部作品所记载的历史内容，并在借鉴1981年西安电影制片厂摄制的电影《西安事变》以及电视剧《少帅传奇》等影视作品的基础上，以张学良的历史贡献为出发点，采用评书的方式独立创作而成的。该评书与原告小说在构思、结构、语言形式上均存在差异。双方作品均涉及到历史知识，而赵云生将历史知识中的相同之处认为是侵权，缺乏法律依据。此外，赵云生在其提交的比对材料中所述的虚构情节，其实质内容也都是历史知识，其所采访过的有关人物，也有文章进行过介绍。因此，并未侵犯其著作权，不同意其诉讼请求。

其余四被告均辩称自身的制作、出版、发行行为不存在过错，不应承担侵权责任。

一审法院认为：张学良将军作为著名爱国将领已名垂史册，反映其事迹的史料、文献以及小说、评书、影视作品等亦在社会上广为传播。在相关资料和作品内容繁多、异同并存的情况下，哪些内容为史实，哪些内容系杜撰，哪些内容又是因流传甚广而被公众所接受并信以为真的"事实"，通常不易辨别，而史实与杜撰的边界，也往往随着时间的推移而渐渐模糊。相应地，在著作权领域，就有关同一历史题材的作品而言，作者独立创作的部分、取材于史料的部分和使用前人作品的部分也往往交织在一起。因此，对于在后作品是否使用了在先作品、这种使用属于合理借鉴还是侵权使用，通常应通过作品语言表达的异同、内容的相似程度及原因、在后作者对在先作品所载事件属于史实还是文学创作的辨别能力和信赖程度以及同类题材其他作品的相关记载等因素加以综合判断，同时还应依据《著作权法》对在后作品所体现出的独创性予以充分考虑。就语言表达而言，双方作品具有较大差异。原告小说所使用的语言文字相对书面化，注重遣词造句等方面的严谨和细致，而被告评书的语言则明显口语化和生活化，这也是双方各自的语言风格，以及小说和评书这两种不同文学艺术形式的特点所决定的。

就整体内容而言，虽然双方作品均以张学良将军的生平事迹为主要内容，在主要人物的关系、主要事件的发展走向等方面亦趋向一致，但法律并不禁止不同作者对相同题材各自进行创作，而客观史实的存在也对双方的创作空间进行了相应的限制，故上述相同之处不能作为认定侵权的依据。况且，尽管选取了相同的历史题材，双方所选择表现的历史阶段和创作的角度仍有较大区别。原告小说以张学良和赵四舞会相识开始，以二人在台湾正式结婚结束，其情感、生活历程始终是小说的主线；而被告评书则着重展现皇姑屯事件至西安事变期间张学良的爱国义举，以突出其人格魅力和历史功绩为全书主题，赵四只是为塑造、烘托张学良形象而出现的配角。此外，尽管双方均主要采用依时间顺序这一常用叙事方法，但在整体结构和情节安排上亦有诸多不同。因此，单田芳未对原告小说构成整体使用。

就具体情节而言，首先，因相同情节均源于史实，或在早于原告小说的其他书中已有记载，而非如赵云生所言系其虚构而成，且被告评书在细节安排、表现方式、详略侧重等方面均与原告小说有较大差别，故不能认定被告评书的相应内容构成对原告小说的使用。其次，由于就赵云生主张虚构的情节，单田芳未能提交相反证据或其他出处，而对于源自史实或另有出处的部分，双方在细节设计上又存在诸多相同或近似之处，应当认定单田芳对原告小说的上述情节设计进行了一定使用。单田芳有关参考、借鉴自其他书籍或影视作品的辩称缺乏相应证据支持。但是对于上述使用，仍需进一步加以分析：一方面，虽然双方的情节设计大致相同，但所涉及的相当一部分内容，被告评书在具体场景、细节安排、表现方式和详略安排等方面与原告小说有着较大差异，包含了大量单田芳自行创作的内容。另一方面，上述相同情节大多在双方作品中所占的比重很低，其中很多属于细枝末节，在绝对数量、所占比例以及重要程度等方面，均未起到举足轻重的作用，并未构成作品的核心和主体内容。在双方作品的语言表达并不相同，且绝大多数情节均有差异的大前提下，仅依据上述相似的情节设计并不足以否定被告评书与原告小说相比所具有的独创性。因此，单田芳对原告小说的使用尚在合理范围内，应属在创作过程中对他人作品的适度借鉴，并未达到侵犯著作权的程度。

就人物设置而言，关于张学良的副官，原告在其小说使用的是其虚构的名字陈海，该角色在小说中所起到的往往是衔接和贯通情节的作用，对其语言、动作等方面的描写也仅限于只言片语，并未被着力刻画，亦缺乏鲜明的个性和突出的事例，属于较为常见的副官形象。而被告评书中的谭海则确有其人，评书中对其的描写也只是有关上传下达、贴身护卫等作为副官情理之中的职责，系对情节走向、发展不起决定作用的一个辅助性角色。况且，该角色与原告小说中的陈海相比，在出现的次数、场合以及言行等方面也远未达到高度一致程度，故不能认定单田芳对原告小说中的这一人物进行了侵权使用。关于郑露莹，虽然赵云生称该人物系虚构而成，其形象在双方作品中也大致相同，但根据单田芳提交的证据，《抉择》一书曾将郑露莹作为抗战时期的100位中国人之一进行了专门介绍，且被告评书所刻画的郑露莹与《抉择》中该人物的形象亦相符合，故在该人物形象具有其他来源的情况下，对赵云生有关单田芳使用原告小说中虚构人物的主张，法院不予采信。

根据上述事实和分析，法院认定单田芳在其评书中合理使用原告小说部分情节设计的行为未侵犯赵云生的著作权。又因被告评书并非侵权作品，本案其余四被告所实施的制作、出版、销售该评书MP3光盘等行为亦不构成侵权。故一审法院依照《最高人民法院关于审理著作权民事纠纷案件适用法律若干问题的解释》第十五条、《中华人民共和国民事诉讼法》第六十四条第一项之规定，判决驳回原告赵云生的全部诉讼请求。赵云生不服一审判决，提起上诉。二审法院经审理，判决驳回上诉，维持原判。

二、重点评析

（一）审理侵犯著作权纠纷案件的侵权认定基本方法——三段论认定法在本案中的应用

三段论认定法，是用来判断被告作品是否侵犯了原告作品著作权时所采用的一般做法。该认定方法的第一步为"抽象法"，即把双方作品中不受《著作权法》保护的思想部分予以排除，不作为认定侵权的依据；第二步为"过滤法"，即将双方作品中虽然相同，但均属于公有领域的内容予以排除，不将其纳入侵权认定的考量范围；第三步为"对比法"，即将经前述两个步骤排除后剩下的部分进行比照，如果双方作品仍有实质性内容相同，则认定构成侵权。三段论认定法作为侵犯著作权案件中的基本认定方法，在国内外有着广阔的适用空间。

本案中，法官在对被告评书是否侵犯原告小说著作权进行判断时，也是以运用三段论认定法作为出发点：

首先，尽管双方作品均以张学良将军的生平事迹为主题，但作者对作品题材的选择，通常应归属于创作思想，其本身不受《著作权法》的保护。正如《最高人民法院关于审理著作权民事纠纷案件适用法律若干问题的解释》第十五条所规定，由不同作者就同一题材创作的作品，作品的表达系独立完成并且有创作性的，应当认定作者各自享有独立著作权。尤其对于历史题材作品而言，作者受限于基本史实，导致对题材的选择空间相对有限，在此情况下所谓的选题"撞车"往往也就在所难免。况且，在文学艺术领域中，不同作者围绕相同或近似题材进行创作的情况屡见不鲜。尤其是某些为大众所喜闻乐见的历史题材，如春秋战国、戊戌变法、抗日战争等，总是吸引着作者乐此不疲地从各种角度进行发掘、创作，使得相关的小说、话剧、影视作品等层出不穷。这种争相就相同历史题材独立进行创作的情形，在某种意义上促进了文学的繁荣发展，满足了人们的文化需要，法律无须对此加以限制。因此，本案中，通过"抽象法"所得出的双方作品题材相同这一事实，不能被纳入到侵权认定的考量范围。

其次，虽然双方作品中有关主要人物及人物关系、主要事件及其发展走向等方面的内容趋于一致，但相应内容均源自真人真事，属于历史事实。而单纯的历史事实应归于公有领域，任何人基于创作需要均可进行使用，并不受到他人使用情况的限制。此外，尽管原告小说与被告评书都采用了依时间顺序进行描述的方法，但这只是一种常用的叙事方法，尤其在有关历史题材的作品当中，更是多数情况下作者首选的叙事方法，不应归任何人独占使用。由此可见，尽管存在上述相同之处，但通过运用"过滤法"，这些本属于公有领域的部分也不能作为判定侵权与否的依据。

再次，在"抽象法""过滤法"后，最后一步便是对其余内容采用"对比法"。经过对原告小说与被告评书的详细比对，得出的结果为：双方作品的具体语言表达有较大差别，各有鲜明特征。而对双方作品中的具体情节和个别人物而言，虽然其中部分具有相同之处，但这些情节或人物在早于原告小说的出版物中便已有记载，且被告评书的具体表述与原告小说具有较大差别，不能据以认定是被告对原告作品的使用。最终，双方作品中只有少量情节相同的部分，被告未能证明系源自史实或有其他出处，因此被法庭认定构成对原告作品内容的使用。然而，仅仅因双方作品具有相同之处便简单地认为构成侵权，也未免失之偏颇。应当强调的是，"对比法"中对侵权的认定，是需要达到"实质性内容相同"的程度才行。法官在确认部分情节相同的基础上，又进行了具体分析，发现这些情节尽管大致相同，但仍在具体的场景、细节安排、表现手法和详略安排上具有较大差异，评书中包含了大量被告的创作内容。此外，相同的情节在双方作品中所占的比重均很低。这表现为两个方面：一方面是数量低，即多数情况下仅为寥寥数语，与原告小说和被告评书的整体篇幅相比难以构成实质部分；另一方面是"质量"低，即基本属于一笔带过的细枝末节，在双方作品中并不属于核心和主体内容。据此，法官认为上述相同情节尚未使双方作品内容达到实质性相同的程度，被告对原告小说内容的少量使用应属于适度借鉴，并不构成侵权。

（二）对于历史题材作品侵权认定的进一步思考

本案的审理过程中，法官还特别注意到，在文学艺术领域内，对他人作品予以适当借鉴是广泛存在并且能够被大众所接受和认可的普遍现象。特别是相关历史题材作品的创作，鉴于需要对基本史实予以尊重，而作者所能掌握的史料往往又非常有限，这种情况下，对前人作品的适度参考和借鉴也就成为形成新作品的过程中难以彻底回避的问题。同时我们应当看到，合理的借鉴也是文化传承的需要和发展的基础，法律对此不应予以一概否定。事实上，在今天的众多具有独创性的作品之中，我们几乎都能够看到以往著述的影子。因此，法官希望通过本案判决向社会传达这样一种信息：即当我们受益于前人所栽之树的时候，也应当在适当的范围内允许后人"乘凉"；当他人对我们的作品进行合理借鉴时，我们应当给予充分的理解并保持一定的容忍。

此外，在本案中，对于双方作品中的相同情节到底是属于原告的创作还是属于历史事实，始终是双方争议的焦点之一。尽管法官最终经过审理进行了查明，但由此还可以引申出另一个关于史实认定的问题：假设某作者在创作某一历史题材的作品时虚构了其中的部分人物和情节，但对史实部分与虚构部分并未加以说明，致使公众难以分辨，乃至随着作品的传播和影响的增加，人们对原本虚构的人物和情节渐渐信以为真，甚至当然地认为这就是历史事实。此时，如果另有作者以相同题材创作新作品，并在不知实情的情况下将上述虚构人物和情节使用于新作之中，那么这一使用是否构成侵权？对此，笔者认为，尽管这些人物和情节最初源于杜撰，但由于其长期以来是以史实而非杜撰的形式存在于公众的认识之中，故其性质在客观上已经发生了改变，在某种意义上，其应归于人们的普遍认识，而不再专属于原作者本人了。相应地，其他作者如果基于对公众认识的信赖，合理地认为所使用的上述人物和情节系属史实，那么，无论原作的相应部分最初如何具有独创性，在后的使用者都不应受到有关侵权的责难。

（杨德嘉　北京市海淀区人民法院民五庭庭长）

常用合同及文件

编者按：

不少作家反映，出书签的合同都是出版者制定的，偏重于保护出版者的利益，希望中国作协权保办在最新注解的基础上，进一步制定保护作者利益的示范合同。为此，中国作协权保办从作者角度出发，对国家版权局1999年3月修订的《图书出版合同（标准样式）》进行了修改补充，于2009年6月发布了《图书出版合同（中国作协权保推荐版）》，希望广大作家今后签约时参考借鉴。

近年来，不断有作家反映文学网站授权合同不规范问题，为填补国内空白、为作家提供签约便利，中国作协权保办根据《中华人民共和国著作权法》及相关法规，于2014年9月公布了《作品信息网络传播权非专有授权合同》（附注释），以便网络作家在签约时进行参考。

特别提醒广大作家，签订合同是著作权人与被许可方之间经过博弈达成合意的过程，合同文本不应成为签约的障碍，而应作为著作权人签约谈判时的参考，使著作权人对其所拥有及将授权的权利状况有明确的认识，帮助其综合各种因素后决定是否签约，避免对合同条款产生误解，从而落入合同的陷阱。

图书出版合同（中国作协权保办推荐版）

甲方（著作权人）：　　　　　　地址：

乙方（出版者）：　　　　　　　地址：

作品名称：

作品署名：

甲乙双方就上述作品的出版达成如下协议：

第一条　甲方授予乙方在合同有效期内，在（中国大陆、中国香港、中国台湾，或其他国家和地区、全世界）以图书形式出版发行上述作品（中文简/繁体、＿＿＿文）文本的专有使用权。

甲方所授予权利仅为纸质图书出版权。不包括信息网络传播权（以电子图书、数字光盘、网络传播等形式使用作品）、改编权、表演权、录音录像权、播放权等其他权利。

第二条　根据本合同出版发行的作品不得含有下列内容：

（一）反对宪法确定的基本原则的；

（二）危害国家统一、主权和领土完整的；

（三）泄露国家秘密、危害国家安全或者损害国家荣誉和利益的；

（四）煽动民族仇恨、民族歧视，破坏民族团结，或者侵害民族风俗、习惯的；

（五）宣扬邪教、迷信的；

（六）扰乱社会秩序，破坏社会稳定的；

（七）宣扬淫秽、赌博、暴力或者教唆犯罪的；

（八）侮辱或者诽谤他人，侵害他人合法权益的；

（九）危害社会公德或者民族优秀文化传统的；

（十）有法律、行政法规和国家规定禁止的其他内容的

第三条　甲方保证拥有第一条授予乙方的权利。因上述权利的行使侵犯他人著作权的，甲方承担全部责任并赔偿因此给乙方造成的损失，乙方可以终止合同。

第四条　甲方的上述作品含有侵犯他人名誉权、肖像权、姓名权等人身权内容的，甲方承担全部责任并赔偿因此给乙方造成的损失，乙方可以终止合同。

第五条　上述作品的内容、篇幅、体例、图表、附录等应符合下列要求：

第六条　甲方应于＿＿＿年＿月＿日前将上述作品的誊清稿交付乙方。甲方不能按时交稿的，应在交稿期限届满前＿日通知乙方，双方另行约定交稿日期。甲方到期仍不能交稿的，应按本合同第十一条约定报酬的＿%向乙方支付违约金，乙方可以终止合同。甲方交付的稿件应有作者的签章。

第七条　乙方应于＿＿＿年＿月＿日前出版上述作品，最低印数为＿＿册。乙方不能按时出版的，应在出版期限届满前＿日通知甲方，并按本合同第十一条约定报酬的＿%向甲方支付违约金，双方另行约定出版日期。乙方在另行约定期限内仍不出版，除非因不可抗力所致，乙方应按本合同第十一条约定向甲方支付报酬和

归还作品原件，并按该报酬的__%向甲方支付赔偿金，甲方可以终止合同。

第八条　在合同有效期内，未经双方同意，任何一方不得将第一条约定的权利许可第三方使用。如有违反，另一方有权要求经济赔偿并终止合同。一方经对方同意许可第三方使用上述权利，应将所得报酬的__%交付对方。

第九条　乙方尊重甲方确定的署名方式。乙方如需更动上述作品的名称，对作品进行修改、删节、增加图表及前言、后记，应征得甲方同意，并经甲方书面认可。

正式出版的图书中，甲方署名为_____。

合作作品的署名顺序为_____、_____。

第十条　上述作品的校样由乙方审校。（上述作品的校样由甲方审样。甲方应在__日内签字后退还乙方。甲方未按期审校，乙方可自行审校，并按计划付印。因甲方修改造成版面改动超过__%或未能按期出版，甲方承担改版费用或推迟出版的责任。）

第十一条　乙方采用下列第___种方式及标准向甲方支付报酬：

（一）基本稿酬加印数稿酬：____元/每千字×千字＋印数（以千册为单位）×基本稿酬___%。

（二）一次性付酬：_____元。

（三）版税：___元（图书定价）×___%（版税率）×印数。

采用第（一）种或第（三）种方式支付报酬的，乙方预计出版图书_____册。

第十二条　以基本稿酬加印数稿酬方式付酬的，乙方应在上述作品出版后___日内向甲方支付报酬，但最长不得超过半年。

以一次性支付方式付酬的，乙方在甲方交稿后___日内向甲方付清。

以版税方式付酬的，乙方在出版后___日内按起印数向甲方付清，重印、再版每半年结算一次稿酬。

乙方在合同签字后___日内，向甲方预付上述报酬的___%（___元）。

乙方未在约定期限内支付报酬的，甲方可以终止合同并要求乙方继续履行付酬的义务，乙方还应支付从约定之日起约定报酬___%/日的滞纳金。

第十三条　甲方交付的稿件未达到合同第五条约定的要求，乙方有权要求甲方进行修改，如甲方拒绝按照合同的约定修改，乙方有权终止合同并要求甲方返还本合同第十二条约定的预付报酬。如甲方同意修改，且反复修改仍未达到合同第五条的要求，预付报酬不返还乙方；如未支付预付报酬，乙方按合同第十一条约定报酬的___%向甲方支付酬金，并有权终止合同。

第十四条　上述作品首次出版___年内，乙方可以自行决定重印。首次出版___年后，乙方重印应事先通知甲方。如果甲方需要对作品进行修改，应于收到通知后___日内答复乙方，双方将修改稿的交付时间和方式另行约定，否则乙方可按原版重印。

第十五条　乙方重印、再版，应将准确印数通知甲方，并在重印、再版___日内按第十一条、第十二条的约定向甲方支付报酬，否则甲方有权终止合同并要求赔偿经济损失。

第十六条　甲方有权核查作品印数和乙方应向甲方支付报酬的账目。如甲方指定第三方进行核查，需提供书面授权书。如乙方故意隐瞒印数、少付甲方应得的报酬，除向甲方补齐应付报酬外，还应支付全部报酬___%的赔偿金并承担核查费用。如核查结果与乙方提供的应付报酬相符，核查费用由甲方承担。

第十七条　在合同有效期内，如图书脱销，甲方有权要求乙方重印、再版，乙方应给予书面答复。如甲方收到乙方拒绝重印、再版的书面答复，或乙方收到甲方重印、再版的书面要求后___月内未重印、再版，甲方可以终止合同。

第十八条　上述作品出版后___日内乙方应将作品原稿退还甲方。如有损坏，应赔偿甲方_____元；如有遗失，赔偿_____元。

乙方在另行约定期限仍不出版作品的，除按本合同第七条支付报酬和赔偿金外，还应在得到甲方通知　日内或合同终止___日内退还甲方书稿（包括但不限于电子稿），并保证书稿不被第三方使用。乙方未能退还书稿的应向甲方支付赔偿金_____元。如因乙方的原因造成书稿被第三方使用的，乙方应按本合同第十一条约定报酬的___%向甲方赔偿损失。

第十九条　上述作品首次出版后___日内，乙方向甲方赠样书___册，并以___折价售予甲方图书___册。每次再版后___日内，乙方向甲方赠样书___册。

第二十条　在合同有效期内乙方按本合同第十一条（一）基本稿酬加印数稿酬方式，或者按本合同第十一条（二）一次性付酬方式向甲方支付报酬的，出版上述作品的修订本、缩编本的付酬的方式和标准应由双方另行约定。

第二十一条　在合同有效期内，甲方许可第三方出版包含上述作品的选集或文集时，不得用原书名单本发行。

在合同有效期内，乙方出版包含上述作品的选集、文集或者许可第三方出版包含上述作品的选集、文集的,须另行取得甲方书面授权。乙方取得甲方授权的,应及时将出版包含上述作品选集、文集的情况通知甲方,并向甲方支付稿酬,付酬方式和标准另行约定。

第二十二条 在合同有效期内,乙方许可报刊、杂志社刊载上述作品,须另行取得甲方书面授权。乙方取得甲方授权的,应及时将报刊、杂志社刊载上述作品的情况通知甲方,并向甲方支付稿酬,付酬方式和标准另行约定。

第二十三条 未经甲方书面许可,乙方不得行使本合同第一条授权范围以外的权利。

甲方授权乙方代理行使本合同第一条授权范围以外的权利,应另行签订授权合同。

第二十四条 双方因合同的解释或履行发生争议,由双方协商解决。协商不成向_____人民法院提起诉讼(提交_____仲裁机构仲裁)。

第二十五条 合同的变更、续签及其他未尽事宜,由双方另得商定。

第二十六条 本合同自签字之日起生效,有效期为___年。

第二十七条 本合同一式两份,双方各执一份为凭。

甲方: 乙方:

(签章)   (签章)

  年 月 日   年 月 日

作品信息网络传播权非专有授权合同

甲方（著作权人）：　　　　　　　地址：
乙方（网站）：[1]　　　　　　　　地址：
作品名称（以下简称"授权作品"）：
作者笔名：

一、许可使用的权利种类、方式及期限

1.自本协议签订之日起，甲方将自己在乙方网站上发布的繁简体中文版授权作品在全世界范围内的信息网络传播权以非专有方式授权乙方。[2]

2.非专有授权期为＿＿＿＿＿年，并从本协议生效时起计算。期满后，本合同失效。[3]

3.笔名：甲方笔名为"＿＿＿＿＿"。该笔名为本合同有效期内甲方在乙方平台上或乙方合作伙伴平台上发布授权作品的作者名称，专属甲方。如乙方要求甲方创作授权作品的正传、前传、后传及其作品中相关人物的后续发展作品，但甲方主动放弃、乙方改请其他作者创作相关作品，乙方及其改请作者不得使用甲方上述笔名。[4]

二、作品交付方式

4.甲方选择按以下＿＿＿＿＿方式交付：[5]

（1）全文交付：甲方将已创作完成授权作品全部交付乙方，并

选择以下＿＿＿＿＿方式上传。

A 乙方在＿＿＿＿天内按＿＿＿＿天＿＿＿＿字/章将甲方授权作品上传至网站发布。其中，免费内容为＿＿＿＿字/章。

B 乙方将甲方所有授权作品一次性发布。付费内容为＿＿字/章，免费内容为＿＿字/章。

（2）连载发布：甲方在签约前向乙方提交授权作品大纲，并在获乙方认可后承诺授权作品的后续情节基本按授权作品大纲进行创作，直至授权作品结稿。甲方同意已公开发布的授权作品章节由乙方无偿使用。甲方在乙方网站上传授权作品内容不得少于每＿＿＿＿天＿＿＿＿字，并经乙方审核通过。

5.甲方通过乙方指定渠道发布授权作品时，除不可抗力原因或甲方事先通知并获得乙方同意外（需签订书面补充协议），甲方未按时按量提供书稿所造成的损失由甲方承担全部责任；如甲方无故欠稿时间超过三个月，视同甲方放弃该授权作品已经产生的二分之一收益；如甲方无故欠稿半年以上或明确表示无法继续完成授权作品，则视同甲方违约并放弃由该作品产生的所有收益，须赔偿乙方＿＿＿＿元违约金。

乙方应及时编辑公布甲方授权作品，如发现问题应及时与甲方协商。如因乙方导致甲方授权作品无法编辑发布，甲方在协商不成后可要求乙方支付＿＿＿＿元违约金。

6.授权作品字数按微软 Office Word 统计字数计算（不计空格）。[6]

三、双方权利义务

7.甲方保证本协议的签署和履行不侵犯第三方权益，不存在任何权利瑕疵，也不会被第三方追索。乙方如被第三方主张权利并产生纠纷、诉讼，或遭相关部门处理，或因授权内容存在权利瑕疵及侵犯第三方权利等问题造成损失、陷入纠纷与诉讼，甲方应协助乙方解决并承担相关责任。

8.乙方保证自己为正式注册并在有关部门备案的网站。如乙方被取缔或终止运营，甲方有权终止合同并要求赔偿。赔偿金额为合同约定稿酬的_____%。

9.乙方应为甲方在乙方网站所发布授权作品署甲方真名或笔名。

10.乙方负责甲方授权作品的市场运作和宣传推广。对乙方为授权作品所作宣传，甲方应主动配合。

11.甲方向乙方授权后，甲方享有以下权利：

（1）甲方有权索取授权作品销售和浏览信息，有权查阅作品被使用情况；乙方应详细提供授权作品点击次数、下载次数、电子出版物发行数量、无线下载次数等内容，以及上述情况的发生时间。[7]

（2）甲方有权要求乙方按照本协议约定支付其应得收益；乙方应及时足额按本协议约定向甲方支付其应得收益。

12.乙方有权根据业务需要，以不改变甲方原意为前提对授权作品进行删减、节选，但不得更改图书版权信息。

13.未经甲方书面许可，乙方不得许可任何第三方使用授权作品。

14.双方应对本协议内容和在协议履行过程中获知的对方经营信息、销售数据和技术方案等商业秘密承担保密责任。非经对方书面、特别授权，或在法律强制要求的情况下，任何一方不得将所获知对方商业秘密擅自使用，或授权他人使用，或泄露他人，或有其他不正当使用行为。否则，应赔偿对方因此所受损失。

四、费用结算

15.双方同意本协议所涉乙方应支付甲方所有费用选择以下_____方式结算：

（1）乙方一次性向甲方支付_____元。（税后）

（2）以授权作品在甲方网站被订阅的章数或次数，以及每章或每次订阅价格为依据，由甲方向乙方进行结算。订阅价格为_____元_____章/次，乙方向甲方支付_____元_____章/次。

（3）乙方将收益的_____%作为稿酬支付给甲方。收益按点击率分成或具体收入计算。[8]

16.稿酬具体结算方式为：乙方_____年/月/周与甲方结算一次收益，以_____为结算日。

17.乙方在结算稿酬时应提供授权作品使用具体细目，包括销售定价、点击次数、下载次数、无线下载次数等内容。

18.乙方未在约定期限内支付报酬的，甲方可终止合同，并要求乙方继续履行付酬义务，且支付从约定之日起所约定报酬_____%/日的滞纳金。

19.乙方如不提供或不如实提供使用授权作品的具体情况，甲方有权终止合同。同时，乙方应按授权作品使用情况支付相应稿酬，并支付总稿酬_____%作为赔偿。[9]

20.如甲方未能按照约定交付相应质量的稿件，甲方应根据乙方要求重新修改稿件，并按照乙方实际采用稿件字数计算稿酬。

21.乙方根据国内相关法规对甲方所得收入代扣代缴有关税

费，为甲方提供税务机关出具的有关凭证，将扣除税费后的余额支付甲方。

22. 如授权作品在_____日内没有获得任何收益，甲方可与乙方协商解除合同。[10]

五、权利保护

23. 如有第三方侵犯授权作品的信息网络传播权，采取以下第_____项执行：

（1）甲方承认乙方有权独立采取各种法律手段维护自身合法权益。乙方应将因此获得的维权收益扣除维权成本后交付甲方_____%。

（2）甲方发现侵权行为后可以自行维权，也可书面委托乙方维权。乙方应将因此获得的维权收益扣除维权成本后交付甲方_____%。[11]

六、其他

24. 如因合同解释或履行发生争议，由双方当事人协商解决。协商不成的，向_____人民法院提起诉讼（提交_____仲裁）[12]

25. 合同的变更、续签及其他未尽事宜由双方另行商定。[13]

26. 本合同一式两份，双方各执一份为凭。

       甲方：   乙方：

       （签章）   （签章）

      年　月　日   年　月　日

【注释】

[1] 作者和网站签约时，应慎重选择，尽量选择规模大、有资质、信誉好的文学网站，并在签约前审查网站的互联网文化经营许可证、互联网出版经营许可证以及网站ICP经营许可证，这些资质通常在网站首页上能够查询到。

[2] 一些网站要求作者将信息网络传播权授权给网站的同时，还要求授权改编权、转授权等其他衍生权利，权保办建议只授权给网站信息网络传播权，在没有得到收益的情况下，不要将改编权、转授权等权利授权给使用方。如确需授权，作者应该要求使用方先行付费，或者明确约定按收入比例分成。

《著作权法》中将授权分为专有和非专有两种方式。专有授权是指使用者独占的、排他性的使用权，著作权人不能再将该权利许可给第三方使用或者自己使用。非专有授权是指使用者不能以独占、排他的方式使用作品，著作权人还可将作品以同样的方式授权给第三人使用。权保办建议采用非专有方式授权，虽然收益较少，但这样可以更好地管理自己的权利，并可以将自己的作品授权给其他使用者，减少纠纷发生。

[3] 权保办建议合同期限为3-5年，一般不超过5年。

[4] 此条款适用于用笔名发布作品的作者，笔名应专属于作者。

[5] 关于作品的免费内容的字数需要明确。网络作品的发布一般是用免费章节吸引读者，因此，很多使用方会在合同中规定自己有权确定免费的章节的多少，权保办认为对于免费章节的多少应该由双方确定，上述条款为参考，可由双方另行协商。

〔6〕从行业惯例，也可由双方另行约定。

〔7〕网络环境下的著作权使用，最难就在后台的监管。因此作者在签约时必须明确自己有权查阅签约作品的使用情况，此条款便于著作权人监督使用方，防止使用方违规。据了解，个别大网站会给签约作者一个后台，用于查询、监督自己的作品销售情况。

〔8〕合同中必须有费用结算的条款，否则可能无法获得收入。本条约定的稿费支付方式参照了业内惯例，具体由双方自行约定，但应该明确在合同中。

〔9〕第18条和第19条是关于网站的违约条款。通常网站的霸王合同总是对作者约定很多违约条款，却没有对自己违约行为的约束条款。作者应当在签约时注意这一点，合同中必须有网站的违约条款。

〔10〕使用费是本合同的核心内容，应该将所有问题都明确清楚，防止纠纷发生。权保办建议在合同中约定，如果作者的作品长时间得不到收益，可以解除合同，以便自己的作品能得到更好的传播。

〔11〕权利保护条款主要是约定针对第三方侵权行为由谁去维权。一般有两种模式，双方可以在合同中约定。一种是作者在签约时就将作品维权的权利交给网站，网站可以自行维权，维权的收益要与作者进行分成；另一种是作者不将维权的权利给网站，发现侵权行为后，再决定是否委托网站代为维权，如果委托的话，维权的收益要与网站分成。

〔12〕双方可事先协商选择如出现争议由仲裁机构仲裁还是向

人民法院提起诉讼，只能约定一项解决方式，不能既约定仲裁又约定法院管辖。

[13] 此条款为兜底条款，对于本合同没有涉及的其他问题，都可由双方协商，并在合同中明确。

编者按：

为规范网络环境下的版权保护秩序，为权利人维护法定权利及网络服务提供者履行法律义务提供便利，保护权利人的信息网络传播权，保障我国互联网产业的健康发展，根据《信息网络传播权保护条例》第十四条、第十六条的规定，国家版权局制订了《要求删除或断开链接侵权网络内容的通知》及《要求恢复被删除或断开链接的网络内容的说明》的示范格式，向社会推荐使用。

要求删除或断开链接侵权网络内容的通知

（示范格式）

网络服务提供者	名称*				
	通讯地址			邮编	
	域名		E-mail		
	电话		传真		
权利人	姓名/名称*		有效证件*（复印件附后）		
	法定代表人*				
	通信地址*			邮编*	
	联系人*		电话*		
	E-mail*		传真		
侵权网站	名称*				
	域名*		备案号或许可证号		
	IP地址*		电话*		
	E-mail*		传真		
侵权内容*					

侵权内容网页地址*	
侵权事实及证明材料*	
通知要求*	
保证声明	通知人保证本通知内容的真实性,并对此承担法律责任。
权利人(或其他代理人)签名(盖章)	年　月　日
备注	

国家版权局监制

填写说明

一、《要求删除或断开链接侵权网络内容的通知》是国家版权局依据《信息网络传播权保护条例》的有关规定制定的指导性格式范本，仅向社会推荐使用。

二、通知中带"*"的栏目为必填事项。

三、"网络服务提供者"，指从事网络信息存储空间服务或网络搜索、链接服务的网络服务提供者。作为本通知的接受方，网络服务提供者的相关信息，如通信地址、邮编、域名、E-Mail、电话、传真等可以通过互联网检索获得。权利人可以通过"IP WHOIS数据库"网站或者其他提供IP地址查询服务的网站查询涉嫌侵权网站及网络服务提供者的相关信息。

四、"域名"，是信息网络上识别和定位计算机的层次结构式的字符标识，与该计算机的互联网协议（IP）地址相对应，在信息网络上代表某个企业、机构或个人。域名的形式是以若干个英文字母和数字组成，由"."分隔成几部分。如：www.sina.com.cn等。

五、"权利人或代理人"，包含自然人、法人和其他组织。权利人委托代理人发出通知的，代理人必须向网络服务提供者出示权利人的委托书。代理人发出的每个不同的通知均需获得权利人的分别授权。

六、"有效证件"，包括自然人的身份证、护照，法人的工商营业执照，其他组织相应的执照等。填写有效证件号码需同时注明证件类型，并将证件的复印件作为本通知的附件一并提供。

七、"电话"，必须填写固定电话号码，可同时填写移动电话号码。

八、"侵权网站"，是指权利人认为未经合法授权，在信息网络上传播其作品、表演、录音录像制品，侵犯权利人的信息网络传播权或者删除改变其权利管理电子信息的网站。

九、"备案号或许可证号"，指根据《互联网信息服务管理办法》第四条，非经营性互联网信息服务提供者向国家信息产业主管部门进行备案的登记号码；或经营性互联网信息服务提供者向国家信息产业主管部门申请信息服务的许可文件号码。备案号或许可证号一般会在网站首页底部显示，登陆信息产业部 ICP-IP 地址信息备案管理系统可查询验证其真实有效性，网址为：www.miibeian.gov.cn。

十、"IP 地址"，指以数字形式显示信息网络上计算机终端的地址。按照 TCP/IP 协议（传输控制协议/Internet 协议）规定，它是一串 4 组由圆点分割的数字组成的，其中每一组数字都在 0-256 之间，如"202.202.96.33"就是一个主机服务器的 IP 地址。IP 地址可以通过 IP WHOIS 数据库等 IP 地址查询服务的网站查询。

十一、"侵权内容"，指权利人认为侵犯其信息网络传播权或者删除改变其权利管理电子信息的作品、表演、录音录像制品。

十二、"侵权内容网页地址"，指权利人提出的侵权作品所在的具体网络地址。即浏览器顶部地址框中显示的信息。该信息对应网络内容的位置。如"http://news.sina.com.cn/c/l/2007-01-21/223712097641.shtml"就是一个具体的网页地址。

十三、"侵权事实及证明材料"，侵权事实，指侵犯权利人信息网络传播权或者删除改变其权利管理电子信息的客观情况。证明材料包括侵权的物证、书证及著作权人的权属证明等。权属证明包括著作权登记证书（号）、首次出版的出版物版权页、授权证明、代理人授权委托书等证明文件。填写证明材料应以附件的形式提供证明性文件的原件或复印件。

十四、"通知要求"，指发出本通知的一方向接受通知一方提出的需要履行的具体事项。包括立即删除或断开链接侵权网络内容等事项。

十五、"权利人或代理人签名（盖章）"，自然人签名或使用名章；法人加盖公章，并由法定代表人或相关负责人签字。

十六、本《要求删除或断开链接侵权网络内容的通知》的示范格式及填写说明可在国家版权局网站"法律文书下载"栏目免费下载使用。国家版权局网址：WWW.NCAC.GOV.CN。

要求恢复被删除或断开链接的网络内容的说明

（示范格式）

网络服务提供者	名称*			邮编	
	通讯地址			邮编	
	域名		E-mail		
	电话		传真		
说明人	姓名/名称*		有效证件*（复印件附后）		
	法定代表人*				
	通信地址			邮编	
	网站名称*		域名*		
	IP 地址*		备案号或许可证号*		
	联系人*		电话*		
	E-mail		传真		
已被删除或断开链接的网络内容					
已被删除或断开链接的网络内容的网页地址					

不构成侵权的证明材料*	
说明要求*	
保证声明	说明人保证本说明内容的真实性,并对此承担法律责任
说明人签名（盖章）*	年 月 日
备注	

国家版权局监制

填写说明

一、《要求恢复被删除或断开链接的网络内容的说明》是国家版权局依据《信息网络传播权保护条例》的有关规定制定的指导性格式范本，仅向社会推荐使用。

二、通知中带"*"的栏目为必填事项。

三、"网络服务提供者"，指从事网络信息存储空间服务或网络搜索、链接服务的网络服务提供者。

四、"域名"，是信息网络上识别和定位计算机的层次结构式的字符标识，与该计算机的互联网协议（IP）地址相对应，在信息网络上代表某个企业、机构或个人。域名的形式是以若干个英文字母和数字组成，由"."分隔成几部分。如：www.sina.com.cn 等。

五、"说明人"，指《信息网络传播权保护条例》第16条所规定的"服务对象"。即被网络服务提供者删除或断开链接有关内容的当事人，包含自然人、法人和其他组织。

六、"有效证件"，包括自然人的身份证、护照，法人的工商营业执照，其他组织相应的执照等。填写有效证件号码需同时注明证件类型，并将证件的复印件作为本通知的附件一并提供。

七、"电话"，必须填写固定电话号码，可同时填写移动电话号码。

八、"备案号或许可证号"，指根据《互联网信息服务管理办法》第四条，非经营性互联网信息服务提供者向国家信息产业主管部门进行备案的登记号码；或经营性互联网信息服务提供者向国家信息产业主管部门申请信息服务的许可文件号码。备案号或许可证号一般会在网站首页底部显示。登陆信息产业部 ICP-IP 地址信息备案管理系统可查询验证其真实有效性，网址为：www.miibeian.gov.cn。

九、"IP地址"，指以数字形式显示信息网络上计算机终端的地址。按照 TCP/IP 协议（传输控制协议/Internet 协议）规定，它是一串4组由圆点分割的数字组成的，其中每一组数字都在0-256之间，如："202.202.96.33"就是一个主机服务器的IP地址。IP地址可以通过IP WHOIS数据库等IP地址查询服务的网站查询。

十、"已被删除或断开链接的内容"，指说明人被网络服务提供者删除或断开链接的作品、表演、录音录像制品。

十一、"已被删除或断开链接的内容网页地址"，指说明人被网络服务提供者删除或断开链接的内容在未被删除前的网络地址。即：浏览器顶部地址框中显示的信息。该信息对应网络内容的位置。例如"http://news.sina.com.cn/c/l/2007-01-21/223712097641.shtml"就是一个具体的网页地址。

十二、"不构成侵权的证明材料"，指说明人拥有合法权利，不侵犯他人权利的相关证据。包括物证、书证及权属证明等。权属证明包括著作权登记证书（号）、首次出版的出版物版权页、授权证明等证明文件。填写证明材料应以附件的形式提供证明性文件的原件或复印件。

十三、"说明要求"，指发出本说明的一方向网络服务提供者提出的要求履行的具体事项。如要求恢复被删除内容或重新链接被断开的内容。

十四、"说明人签名（盖章）"，自然人签名或使用名章；法人和其他组织加盖公章，并由法定代表人或相关负责人签字。

十五、本《要求恢复被删除或断开链接的网络内容的说明》的示范格式及填写说明可在国家版权局网站"法律文书下载"栏目免费下载使用。国家版权局网址：WWW.NCAC.GOV.CN。

民事诉讼流程图

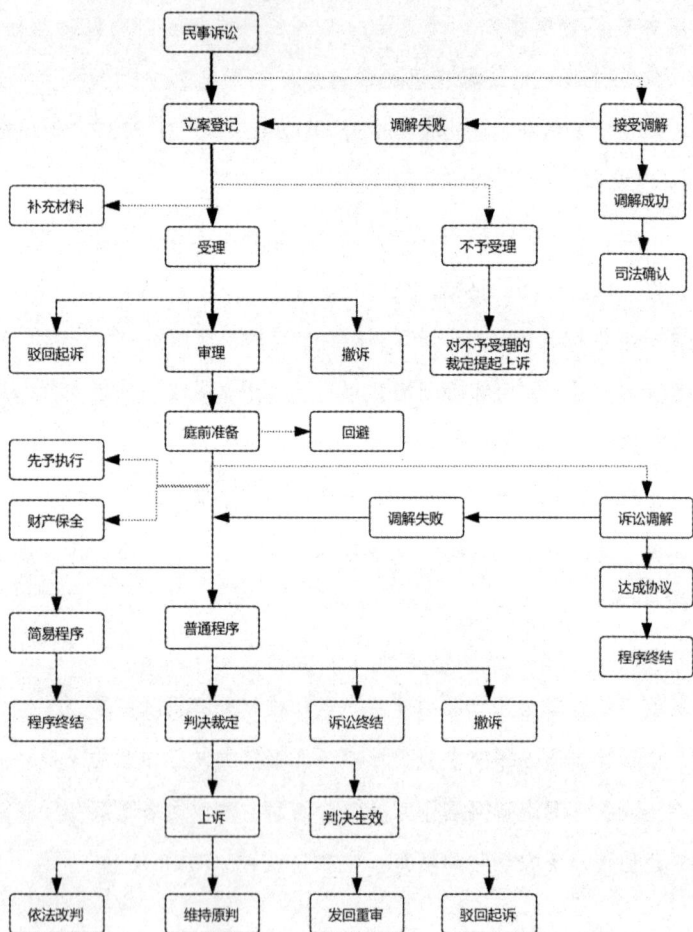

```
                           ┌──────────┐
                           │  民事诉讼  │
                           └─────┬────┘
                                 │
        ┌────────────────────────┼────────────────────────────┐
        │                        │                             │
┌──────────┐   ┌────────┐  ┌──────────┐                  ┌──────────┐
│  立案登记  │◄──│ 调解失败 │◄─│          │◄─────────────────│  接受调解  │
└─────┬────┘   └────────┘  └──────────┘                  └─────┬────┘
      │                                                        │
┌──────────┐                                             ┌──────────┐
│  补充材料  │◄┄┄┄┄┄┄┄┄┄┄┄┄┄┄┄┄┄┄┄┄┄┄┄┄┄┄┄┄┄┄            │  调解成功  │
└──────────┘              │                              └─────┬────┘
      │                   ┊                                    │
┌──────────┐        ┌──────────┐                        ┌──────────┐
│   受理    │        │  不予受理  │                        │  司法确认  │
└─────┬────┘        └─────┬────┘                        └──────────┘
      │                   │
 ┌────┼──────┐      ┌──────────────┐
 │    │      │      │ 对不予受理的   │
┌──────┐┌────┐┌────┐│ 裁定提起上诉   │
│驳回起诉││审理││撤诉│└──────────────┘
└──────┘└─┬──┘└────┘
          │
    ┌──────────┐    ┌──────┐
    │  庭前准备  │┄┄┄►│ 回避 │
    └─────┬────┘    └──────┘
┌──────┐  │
│先予执行│┄┄┤        ┌────────┐         ┌──────────┐
└──────┘  │◄───────│ 调解失败 │◄────────│  诉讼调解  │
┌──────┐  │        └────────┘         └─────┬────┘
│财产保全│┄┄┤                                │
└──────┘  │                           ┌──────────┐
          │                           │  达成协议  │
 ┌────────┼──────────────┐            └─────┬────┘
┌──────┐┌──────────┐     │            ┌──────────┐
│简易程序││ 普通程序  │     │            │  程序终结  │
└─┬────┘└─────┬────┘     │            └──────────┘
┌──────┐  ┌────┼─────────┼────┐
│程序终结│  │    │         │    │
└──────┘┌────────┐┌────────┐┌────┐
        │ 判决裁定 ││ 诉讼终结 ││撤诉│
        └───┬────┘└────────┘└────┘
        ┌───┼─────┐
    ┌──────┐ ┌──────────┐
    │ 上诉  │ │  判决生效  │
    └──┬───┘ └──────────┘
 ┌──────┼───────┬──────────┐
┌──────┐┌──────┐┌──────┐┌──────┐
│依法改判││维持原判││发回重审││驳回起诉│
└──────┘└──────┘└──────┘└──────┘
```

中国作家协会作家权益保障委员会组成人员名单

主 任：

张 健　中国作协原党组副书记、副主席、书记处书记

副主任：

张抗抗　中国作协副主席、国务院参事

吕 洁　中国作协创联部（权益保护办公室）原副主任

委 员（以姓氏笔画为序）：

马晓刚　北京浩天律师事务所高级合伙人

王忠琪　天津市作协副秘书长

王晓渭　陕西省作协副秘书长

邓江华　北京市双全律师事务所主任

许 超　国家版权局版权司原巡视员

李明德　中国社会科学院知识产权中心研究员

李德成　北京金诚同达律师事务所高级合伙人

张 平　北京大学知识产权学院院长

张雪松　中伦律师事务所知识产权部合伙人、顾问

妖 夜　湖南省网络作家协会常务副主席、网络作家

武和平　公安文联副主席

侯庆辰　阅文集团副总裁、总编辑

盛 敏　中国作协创联部会员处副处长

蒋志培　最高院知识产权庭原庭长

编后语

中国作家协会成立作家权益保障委员会为作家开展维权服务，迄今已有三十多年了。

在这三十多年里，党和国家对著作权保护工作高度重视，著作权保护体系得到建立健全，作家维权意识不断提高，著作权市场环境日趋完善。然而，损害作家权益的事情仍时有发生、合同陷阱屡见不鲜。因此，在中国作家协会党组领导和支持下，作家权益保障委员会办公室开展了一系列维权行动，与包括苹果、谷歌等在内的公司交涉，迄今调解著作权纠纷千余起，与此同时先后编写了11期《作家权益》，作为内部资料免费发放给中国作家协会会员，旨在普及著作权知识，进一步提高作家维权意识和能力，使广大作家从中受益。作家权益保障委员会办公室承担的作家维权工作，成为中国作家协会团结服务广大作家的一个重要纽带。为把作家维权的相关法律知识送达更多作家朋友手中，我们编辑出版了这本《作家维权实用指南》。

《作家维权实用指南》综合了以往所编写的《作家权益》的精华内容，收录了著作权的相关法律法规，增加了不少常用著作权知识，特邀业界资深法官、律师对涉及到的著作权典型案例进行的评析、从理论层面对社会热点问题进行的深入探讨，更具有针对性和指导性，也更方便了作家查阅。本书在编辑过程中得到了中国作家协会作家权益保障委员会全体委员的支持和帮助，作为中国知识产权法领域的权威专家，他们为本书添彩良多。

在中国作家协会党组的领导下，我们将继续加大作家著作权保护工作的力度，一如既往以热情、耐心、勤奋、细致的工作态度，传递中国作家协会对广大作家的关心，更好地为作家朋友排忧解难。

随着依法治国基本方略日益深入人心，广大作家们的文学作品在多媒体时代将会得到更广泛和规范的传播。希望本书能为广大作家们解决实际困难，对作家产生的著作权纠纷提供切实帮助。我们期待作家们的合法权益能够得到更好的尊重和保护。

中国作家协会作家权益保障委员会办公室

2018年9月